*T*ú puedes sanar
a través
de la mente

Tú puedes sanar a través de la mente

Libro de autoayuda

Aprende cómo a través de la mente puedes sanar no sólo tu cuerpo sino todas las áreas de tu vida

Alida y José L. Sosa M. RScP

Grupo Editorial Tomo, S. A. de C. V.
Nicolás San Juan 1043
03100 México, D. F.

1a. edición, junio 2003.
2a. edición, julio 2004.
3a. edición, julio 2005.

© *Tú Puedes Sanar a Través de la Mente*
   Alida y José L. Sosa R. Sc. P.

© 2005, Grupo Editorial Tomo, S.A. de C.V.
   Nicolás San Juan 1043, Col. Del Valle
   03100 México, D.F.
   Tels. 5575-6615, 5575-8701 y 5575-0186
   Fax. 5575-6695
   http://www.grupotomo.com.mx
   ISBN: 970-666-719-9
   Miembro de la Cámara Nacional
   de la Industria Editorial No 2961

Diseño de Portada: Emigdio Guevara
Formación Tipográfica: Consuelo Rutiaga C.
Ilustraciones: Trilce Romero
Supervisor de producción: Leonardo Figueroa

Ninguna parte de esta publicación podrá ser reproducida o transmitida en cualquier forma, o por cualquier medio electrónico o mecánico, incluyendo fotocopiado, cassette, etc., sin autorización por escrito del editor titular del Copyright.

Impreso en México - *Printed in Mexico*

ÍNDICE

Introducción — 7

CAPÍTULO I — 13
Cómo funciona nuestra mente, Somos Seres Pensantes, Racionales, Nuestro Poder Radica en el Subconsciente, Nuestro Cuerpo no Tiene Poder, él es Expresión, Compartiendo Experiencias, Un Caso Incurable de Alergia y Asma.

CAPÍTULO II — 35
Todos Poseemos un Tesoro, No te Dejes Influir por Nadie, Nosotros Creamos la Enfermedad, Buena o Mala Salud Tú la Creas.

CAPÍTULO III — 47
Usa tu Poder Mental

CAPÍTULO IV — 55
Causas y Efectos Correspondientes, Tratando el Dolor de Cabeza, Tratando la Demencia, Tratando la Visión, Tratando los Oídos, Tratando los Resfriados, Tratando la Boca, Tratando el Cuello, Tratando el Corazón, Tratando los Pulmones, Tratando los Riñones, Tratando la Vesícula, Tratando los Nervios, Tratando los Problemas de la Sangre, Tratando el Rehumatismo, Tratando la Parálisis, Tratando la Colitis, Tratando el Insomnio, Tratando la Vejiga, Tratando el Hígado, Tratando el Estómago, Tratando la Diabetes, Tratando las Manos y los Brazos, Tratando las Piernas y Pies, Tratando Problemas de Obesidad, Anorexia y Bulimia, Nuestros Pensamientos Causan la Enfermedad y a la Vez la Curación.

6 Alida y José L. Sosa

CAPÍTULO V   107
Cómo los Pensamientos nos Sanan y Mantienen Equilibrados, Autoanálisis, Cómo Ejercitar Nuestras Imágenes Mentales.

CAPÍTULO VI   119
Tú Puedes Sanar Toda Inseguridad

CAPÍTULO VII   131
Visualización Constructiva

CAPÍTULO VIII   139
El Perdón Purifica Nuestra Alma

CAPÍTULO IX   151
En Busca de la Salud, Tú Eres un Ser Divino

CAPÍTULO X   163
Testimonios

CAPÍTULO XI   183
Método para Relajamiento Físico

INTRODUCCIÓN

*E*l propósito de escribir este libro es compartir contigo nuestras experiencias y las de muchas personas que al conocer la Verdad, encontraron la solución para sus problemas, tanto de salud como en las diferentes áreas de sus vidas, las cuales fueron sanadas o llenadas para vivir ahora una vida feliz.

Debes de saber que eres el arquitecto de tu destino. El Capitán de tu Alma —tu vida. Puedes llevar tu Barco a puerto seguro porque sólo tú tienes el poder y control del rumbo. En otras palabras, tu Creador te ha provisto de una mente a través de la que puedes pensar, visualizar, analizar, razonar, decidir y contar con libertad de elección —el libre albedrío. Tienes un poder que de acuerdo con tu fe, creencia y convicción te da el resultado de tu elección.

Como ves, no estás desprovisto de nada. No eres un ser indefenso, no tienes por qué sufrir más teniendo todas las posibilidades a la mano. Hace dos mil años, el más grande de los hombres que ha vivido en esta tierra llamado El Profeta del Amor, El Salvador del Mundo, cuyo nombre era Jesús, enseñó a sus seguidores diciéndoles que el tiempo había llegado y que él venía a darnos la buena nueva para que no sufriéramos más. Que el Padre Todo-Amor lo había enviado para que tuviéramos vida, y la tuviéramos en abundancia.

Que ya no buscáramos "fuera" sino "dentro" de nosotros, donde poseemos un reino interno del cual somos reyes o reinas. Él lo dijo de esta manera: *"El Reino de Dios está a la mano"* por esta razón anunció, *"Busca primero el Reino de Dios y Su justicia, y todo lo demás te será dado por añadidura"*. Se refería a que todos al nacer llevamos consigo un poder, el cual siempre está ayudándonos a vivir felizmente y sin preocupaciones —como cuando somos niños. Pero cuando crecemos vamos adoptando falsas creencias, acerca de la enfermedad, preocupaciones, temores, carencia, y toda clase de limitaciones.

Cuando encontramos este Reino al que se refiere Jesús, al que se llega a través de la oración o meditación, entonces regresamos otra vez al Reino del cual inconscientemente nos habíamos separado, *"y el Padre que ve en lo secreto te premiará abiertamente"*, ésta es la gran promesa, nos dice el Maestro.

Como le sucedió al Hijo Pródigo, cuando retornó al hogar, su padre lo colmó de bendiciones y nunca le reprochó su abandono; por el contrario, se alegró de su regreso. Asimismo nosotros en cierta forma somos hijos pródigos porque hemos estado separados mentalmente de la Fuente; sin embargo, seguimos viviendo aún careciendo de todo, y en verdad ése es el gran "milagro" o podríamos decir la paradoja de la vida, que teniendo todo a la mano, vivamos careciendo hasta de lo más elemental.

Conclusión: ¡El tiempo es AHORA, AHORITA! Aquí mismo, donde te encuentras leyendo estas líneas. No esperes más tiempo, no demores más tu salud, si careces de ella, la prosperidad y el éxito están esperándote; sólo se trata de que lo creas y lo realices en tu mente, y que los reclames como un derecho divino para que vengan a ti y vivas la vida a plenitud. LA VIDA ES BELLA; VÍVELA CON ALEGRÍA Y RICAMENTE.

Prof. José,
Verano del 2002.

Al escribir este libro, deseamos grandemente que quienes lo lean, por lo menos tengan una idea clara de que su vida puede mejorar siempre. Que no importa en qué circunstancias o condiciones se encuentren; piensen siempre en esta Gran Verdad: "Con Dios, todo es posible", porque todo es posible para quien cree en Él, en este Principio de Vida, de lo Bueno, que siempre está presente y a la mano, dispuesto a ayudarnos a salir adelante en cualquier momento.

Lo más importante que deseamos enfatizar en este libro es que tomen conciencia de que los pensamientos son cosas, de que pensar es crear. En todo momento creamos y por desgracia la mayoría de las veces creamos lo que no deseamos. ¿Por qué? Porque la mayor parte del tiempo pensamos en problemas, y al hacerlo los multiplicamos, o pensamos en lo que no debemos, como enfermedades. Cambiar es muy simple, productivo y bello. Los cambios se realizan al transformar nuestra manera de pensar y dando gracias a Ese Poder más grande que nosotros, porque lo que deseamos recibir ya está dado.

No debemos odiar porque atraemos infelicidad a nuestras vidas; cuando odiamos aparecen diferentes enfermedades en nuestro cuerpo. Sería imposible compartir con ustedes tantas cosas bellas que hemos aprendido en esta filosofía de la Ciencia de la Mente, que al practicar muy sinceramente empezamos a vivir la vida feliz que todos merecemos.

Siempre intenta manifestar en tu vida el "verdadero Yo", el "Hijo de Dios". La vida es como una película que por más triste o angustiosa que haya sido, podemos modificar el final feliz, y eso está en las manos del "director". Tú estás a cargo de la película de tu vida, atrévete a cambiar el guión, a mejorarlo. Sólo depende de ti, de nadie más.

Abre tus ojos mentales, agradece en este momento los beneficios que has recibido durante tu vida, aun los más pequeños que ahora recuerdes. Piensa en lo que posees, así principiarás a darte cuenta de cuán generoso ha sido Dios contigo.

Tú tienes vida, esa vida maravillosa a través de la que piensas, sientes, ves, tocas, hueles y disfrutas. No podrías comprarla, ni aunque quisieras. Dios te la dio para que cuides de ella. Yo te invito a que empieces a hacerte cargo de tu vida ahora. Éste es el momento en que puedes cambiar tu vida para algo mejor.

Con mis mejores deseos para ti. Deseo que Dios te llene de amor y bendiciones.

Profa. Alida
Verano del 2002.

CAPÍTULO I

"CÓMO FUNCIONA NUESTRA MENTE"

Todos nosotros sabemos y decimos que tenemos una mente, pero nadie ha podido afirmar con certeza dónde está establecida. Algunos dicen que se localiza en el cerebro, otros que en algún lugar de la cabeza, porque se nos ha enseñado que pensamos con la cabeza. Pero en realidad no importa dónde se encuentre, lo que sí nos interesa es saber que nuestra mente es el medio por el cual pensamos, y a través de este pensamiento obtenemos un resultado.

La mente tiene dos funciones o actividades que se conocen con diferente terminología como: Mente Consciente —*porque ahí radica nuestra conciencia?*; Mente Objetiva —*porque a través de esta función de la mente, observamos el mundo objetivo o manifestado donde vivimos ahora?*; Aspecto Masculino —*esta parte de la mente ordena o decreta aquello que se ha elegido?* Mente Inconsciente —*esta función de la mente no tiene conciencia, sino sabiduría y poder, pero sólo para crear lo que se ha elegido conscientemente?*; Mente Subconsciente —*se le llama subconsciente porque está debajo de la consciente?*; Aspecto Femenino —*el aspecto femenino de la mente recibe este nombre porque es la que crea, produce fielmente todo lo que se le ordena sin protestar; tiene poder para crear, pero no para rechazar.*

El que la Mente tenga dos funciones, no significa que éstas estén separadas. Más bien están siempre unidas y son necesarias para la perfecta manifestación o expresión de cosas como situaciones, condiciones, eventos y realización de objetivos.

La mente del hombre es parte de la Mente de Dios, por lo tanto contiene dentro de sí infinitas posibilidades. La Mente Divina es Infinita y Creativa, así que la mente del hombre también es creativa por naturaleza. La mente consciente del hombre es esa parte de unidad con el Espíritu Supremo que lo capacita para ser una unidad individual con identidad aparte, pero separarse del Todo Poder, o de la Mente Única. De esta manera, el hombre es cocreador con este Poder.

La mente subjetiva del hombre es parte de la Mente Subjetiva Universal. Es el lugar donde cada hombre se individualiza a sí mismo en el aspecto subjetivo de la vida. Es el uso que hace de la Ley de Causa y Efecto; el uso de la Ley del Karma. Es la Ley del Todo, individualizada como ley de lo que parece sólo una parte. Dicha Ley puede producir en el hombre libertad o esclavitud, según el uso que haga de ella.

Esto hace que la mente subjetiva del hombre aparezca como una entidad de sí mismo. Sin embargo, nunca lo es, y éste es el punto principal que debemos recordar. No está separada de la Ley Universal, pero en cierto sentido, es propiedad del individuo en la Ley Universal.

Dios y hombre son uno, pero El Padre es más grande que el hijo. Él es el Macrocosmos y el hombre el microcosmos, Él es el Infinito y el hombre lo finito. La Mente Universal (o Ley Divina) contiene la esencia de lo que ha sido, lo que es, y lo que será. Lo que se ve y lo que no se ve están en Ella, y son gobernados con Ella. Es el único Poder Creativo en el Universo, y cualquier otro poder, es Ese mismo Poder que obra de diferentes maneras. Las cosas existen en la Mente Universal como ideas, éstas toman forma y se convierten en cosas en lo visible. El pensamiento lleva las cosas de lo universal a la expresión.

El entendimiento de que la Mente en Su estado sin forma puede usarse individualmente, es la clave para toda curación, para el trabajo mental y espiritual desde el punto de vista práctico. Saber que estamos rodeados por esta creatividad no es suficiente, tenemos que usar dicho conocimiento con propósitos definidos si esperamos resultados correctos en nuestra expresión personal. Es este medio ilimitado, el potencial dentro de todos nosotros.

Nuestros deseos están en un estado sin forma. Lo que no tiene forma está preparado para tomarla, pero como no lo sabemos, casi nunca manifestamos lo que queremos. Como la Ley no tiene conocimiento propio, debe esperar que se le imponga la forma, lo cual se logra a través del pensamiento y así es como traemos a nuestras vidas enfermedad o salud, miseria o abundancia, desarmonía o paz.

Por fortuna, ninguna enfermedad o cualquiera otra condición son permanentes, porque sabemos que tomaron forma a través de nuestro erróneo pensar, pero al cambiar el patrón de pensamiento desaparece el efecto. El hombre es una expresión de la Mente Original y él expresa las formas temporales que desee. En verdad, no puede dejar de hacerlo; así se produce lo bueno y lo malo.

Humanamente, somos los únicos seres que razonamos, que tenemos mente para pensar, libertad para escoger, para aceptar o rechazar lo que deseamos ser o tener. Nos han dotado de libertad para tomar decisiones, y de poder para crear lo que queramos experimentar. Bueno o malo, eso depende de cada cual.

A pesar de que estamos dotados de todo lo necesario para vivir una vida siempre feliz, paradójicamente somos los seres que más sufrimos en este mundo.

"SOMOS SERES PENSANTES, RACIONALES"

Por ejemplo, los animales no piensan —porque no tienen esa facultad? sólo se dejan llevar por su instinto de conservación, el cual tienen muy finamente desarrollado, y es el que los conduce a un refugio o los lleva a lugares seguros, a dónde encontrar comida y agua. Muchos de ellos hasta parece que son inteligentes, a tal grado que algunas personas dicen: "mi mascota es muy inteligente".

Pero si en realidad razonamos, el animal no tiene inteligencia ni mente para pensar, porque si así fuera, quizás muchas personas serían dominadas por algún animal y eso no es posible. El animal obedece fielmente a su amo, de acuerdo a como es educado. Por ejemplo, cuando le ordenas a tu perro que salga de la casa, no tiene más opción que obedecer y salir; no puede decirte: "espérate, quiero quedarme otro rato aquí dentro". ¡Claro que no!

Si analizamos esto, no deberíamos de temerle a las enfermedades ni a los animales, ni a ninguna condición negativa, porque estamos por encima de todo ello. Pero ¿qué pasa con muchas personas que se aterrorizan cuando reciben un diagnóstico médico en el que se les comunica que no hay curación?

El mismo temor que sienten segrega un microbio llamado "el microbio de la muerte" para el cual no se ha encontrado cura.

Es similar a lo que nos sucede cuando le temos a un perro. Por el miedo o temor al animal, la persona segrega adrenalina en su cuerpo y la piel suda; el sudor es percibido por el fino olfato del animal que le indica "peligro", y su instinto hace que se ponga a la defensiva y empiece a ladrar. Ésta es su defensa, se prepara y ataca antes de que lo ataquen.

Tal vez conozcas personas que no le tienen miedo a los perros, por el contrario, les tienen afecto —inclusive tú puedes ser una de ellas. Entonces, la gente que siente cariño por los animales, lógicamente no es atacada por ellos. Los animales, como nosotros los humanos, "saben" y sienten cuando las personas los aprecian, sienten su afecto o amor. Y ante el amor no hay peligro, sino confianza y seguridad.

Del mismo modo, la persona que posee el conocimiento y sabe que el 90% de las enfermedades principian en la mente, puede deshacerse de ellas con facilidad. Todo esto que hemos analizado de manera superficial, es la forma como funciona nuestra mente consciente y la subconsciente.

Muchas de las veces, la sencillez escapa a nuestro entendimiento para poder creerlo. Sin embargo, te decimos pruébalo, nada pierdes con hacerlo y sí tienes mucho que ganar. Nosotros no tratamos de convencerte, tienes que convencerte a ti mismo de que es verdad.

"NUESTRO PODER RADICA EN EL SUBCONSCIENTE"

Nuestra parte inconsciente o subconsciente corresponde al aspecto ALMA. También es conocida como Ley Mental, Poder Creativo, Aspecto Femenino, El Almacén de Nuestra Memoria, y su principal función es la de OBEDECER y CREAR; se le llama "el fiel sirviente del Espíritu". Aquí, en el Alma, están guardados nuestros recuerdos, nuestras experiencias vividas, nuestras creencias, nuestros hábitos. Toda la información que hemos creado desde que tenemos uso de razón, acerca de nosotros mismos, lo que creemos ser o lo que nos han dicho que somos.

Allí está establecida la forma de nuestro comportamiento y por esta razón, la mayoría de las veces en realidad no pensamos, sólo reaccionamos ante personas, situaciones o condiciones. Por ejemplo, si alguien te agrede verbalmente, sólo reaccionas y tal vez le contestes en la misma forma —con agresión-, o quizás te sientas incómodo, deprimido, o puede ser que te pongas a llorar con mucho sentimiento.

Según lo hayas establecido ?desde que lo hiciste por primera vez?, y de eso depende tu reacción porque no piensas: "¿cómo debo contestarle a esta persona?" ¿Verdad que no?

Como ya dijimos, en esta fase de la mente establecemos nuestros hábitos, y una vez que lo hemos hecho, quedamos sujetados a ellos.

Un ejemplo de esto es, si conduces automóvil, seguramente recordarás que al principio estabas algo o muy nervioso, pero poco a poco fuiste adquiriendo confianza y conocimiento en el manejo del mismo, así como lo relacionado con el reglamento de tránsito y los señalamientos.

Cuando te subiste por primera vez y sentiste que tenías el control del volante, quizás estabas tenso, con algo de preocupación y le dijiste a tu acompañante: "no me distraigas mientras manejo". Pero una vez que guardaste dentro de ti este conocimiento, sentiste confianza y seguridad en ti mismo y ahora lo haces automáticamente, ya sin pensar.

Cuando llegas a una señal de alto, no piensas: "¿qué hago?" Nada de eso, sólo frenas poco a poco y si no hay algún vehículo que cruce, entonces te sigues. De igual manera, si llegas a un cruce de calles donde hay un semáforo que regula la circulación y se pone la luz en color ámbar antes de que llegues, es indicio de que debes aminorar la velocidad porque enseguida viene el rojo, que significa alto total. Al ponerse la luz en verde simplemente arrancas.

Como podemos observar, todo lo hacemos ya en forma automática, sin pensar: "¿ahora qué hago?" Y aunque dejes de manejar diez años, si vuelves a subirte a un vehículo, no te preguntas: "¿qué hago?" ¡Claro que no! Ya tienes registrada dentro de ti toda la información con relación al manejo del auto.

Esto también nos indica que lo que guardamos en el almacén de la memoria, no se pierde, queda fielmente establecido.

Un ejemplo más. Supongamos que nos invitaron a la fiesta del primo Pedro, ahí nos presentaron a un joven muy atento, muy cordial y apuesto. Nos impactó su figura y personalidad. Pasado el tiempo, por decir seis meses, a la distancia vemos que una persona viene hacia nosotros y conforme va acercándose, empezamos a distinguir sus facciones, pero de momento no recordamos quién es y entonces afirmamos: "yo conozco a esa persona". Cuando ya está más cerca de nosotros, viene a nuestra mente, como un relámpago, su nombre y decimos: "¡ah, ya recuerdo!" Es Juan, lo conocí en la fiesta del primo Pedro.

¿De dónde obtuvimos la información? De nuestro subconsciente, del almacén de nuestra memoria, donde estaba guardada la imagen que establecimos de Juan. ¿Te quedó claro?

Como podemos ver, el poder que poseemos radica en nuestro subconsciente porque ahí se procesa el pensamiento habitual, bueno o malo, verdadero o falso; lo que creímos y establecimos, es lo que vendrá a nosotros irremediablemente. Nuestro poder interno se compara con la tierra donde nosotros y el granjero sembramos. Ella acepta toda clase de semillas, de buena o de mala calidad, no tiene la facultad de rechazar, todo lo acepta y trabaja sobre el objetivo.

La madre naturaleza —como le llamamos? nos da siempre un fiel e idéntico resultado. En el caso del granjero que siembra semillas buenas y malas, lógicamente obtendrá una cosecha buena y mala. No es que la naturaleza le haya negado al granjero las cosechas buenas, fue la elección de las semillas lo que originó la diferencia. Por supuesto que ningún granjero haría esto, porque al recoger la cosecha siempre selecciona la mejor semilla para la próxima siembra.

Nuestro poder es ilimitado, es una fuerza ciega, matemática e inviolable. Es impersonal, no tiene sentimientos y no es selectiva. Es como cualquier otro principio. Usamos el principio de la matemática cuando recurrimos a ella, para sumar, restar o dividir, y siempre nos da un resultado matemático, jamás comete errores; los errores, si los hay, son de carácter humano. Si dices que tres más tres son siete, ¿de quién es el error? Es lógico que sea tuyo porque tres más tres siempre serán seis y no porque nosotros lo digamos, sino porque el resultado ya existe antes de que se diga.

Por desgracia, eso ocurre con los pensamientos erróneos que con anterioridad "sembramos" en la mente subconsciente (que es nuestro medio creativo), los cuales fueron negativos. Existen personas que ofrecen la enfermedad y el sacrificio a Dios.

Ahora piensa por un momento, ¿le ofrecerías sumas incorrectas al principio matemático? Por supuesto que no, porque este principio siempre es el mismo; da el resultado correcto en cualquier parte y a quien lo use, no sabe de errores. Cuando se comete un error, lo origina la persona, no el principio.

De igual forma, Dios no sabe de enfermedades, sólo de salud; Él no conoce problemas, sólo reconoce lo que es semejante a Su naturaleza, la cual es perfección, amor, abundancia, armonía y paz. Las cosas opuestas al bien no provienen de Él, sino del pensamiento erróneo del ser humano.

"NUESTRO CUERPO NO TIENE PODER, ES EXPRESIÓN"

Nuestro cuerpo fue creado por el Alma (o Ley Divina en nosotros) para que el espíritu pueda expresarse. Nada más es una expresión o manifestación en forma. Es nuestra parte humana, lo que llamamos personalidad, y por consiguiente no tiene ningún poder.

Nuestro cuerpo no tiene vida propia, lo que hace que se mueva es el Alma que lo sostiene. Todos hemos conocido a algún personaje que se ufanaba de tener poder para hacer y deshacer lo que le viniera en gana, pero ¿qué pasó con esa persona cuando falleció? ¿Dónde quedó el individuo poderoso que decía ser? Ahí comprobamos que en realidad ese ser no tenía el poder que decía.

Dios es tan justo, bondadoso y perfecto, que a todos nos ha dotado del mismo e igual poder; por lo tanto, nadie tiene ni más ni menos que otro. Quien lo reconoce y acepta es quien lo desarrolla y pone en acción para su bienestar y el de los demás; por eso estas personas están bien equilibradas física y espiritualmente, y nada les perturba. En todo momento están conscientes para seleccionar sólo aquello que les beneficie a ellas y a los demás.

Nuestro Creador nos ha provisto de un Cuerpo —a través del poder creativo que existe en nosotros, el alma que es una máquina perfecta y maravillosa que no se desgasta porque siempre está regenerándose a sí misma de manera automática. Si nosotros no interfiriéramos con una forma negativa de pensar, él permanecería siempre joven, fuerte y saludable. Lo que más daña la salud del cuerpo son los pensamientos y sentimientos negativos, como el resentimiento, temor o miedo, ansiedad, tensión, celos, envidia y juzgamiento. Ellos son altamente nocivos para nuestra salud.

Dios nos dio libre albedrío, el cual nadie nos enseñó a usar correctamente y convertimos la libertad en libertinaje, por esa razón sufrimos. Comemos y bebemos de más y luego nos lamentamos por los resultados. Cuando nos invitan a disfrutar de un delicioso buffet, qué pasa si no tenemos el control de nuestro apetito, la libertad de escoger nos lleva hasta los extremos y luego vienen las consecuencias, que se ven reflejadas en la salud. El cuerpo no tiene poder para rechazar, así que acepta todo lo que comemos.

Cuando vivimos en una sociedad en la que es necesario cumplir con "compromisos", muchas veces tomamos más licor de lo debido y casi a diario, a tal grado que se nos vuelve un hábito —o vicio? que después tenemos problemas para eliminar. Y quién sufre el deterioro físico, nuestro cuerpo. Deberían alertarnos para estar más conscientes de nuestro cuerpo y cooperar con él para mantenerlo saludable.

Lamentablemente nos han programado para ver sólo nuestra parte externa o sea lo humano, la personalidad. Pero tenemos bajo control nuestro poder cuando lo usamos de manera consciente, de lo contrario el poder que reside dentro de nosotros en lugar de servirnos, nos domina y nos mantiene esclavizados en el vicio y los hábitos desagradables. Hasta que despertemos y nos volvamos conscientes, podremos tomar control de nuestras vidas.

"COMPARTIENDO EXPERIENCIAS"

Es nuestro deseo compartir contigo, lector, los motivos que nos impulsaron a escribir este libro, y podemos decirte convencidos de ello, que toda enfermedad se revierte con sólo cambiar tu forma de pensar.

En el año de 1959 mi salud estaba bastante deteriorada, no había ninguna esperanza de curación, según la ciencia médica. Me sumí en una tremenda depresión, perdí la fe, pero aun así conservé un enorme deseo de seguir viviendo.

Por fortuna, en esos momentos encontré esta maravillosa filosofía que trata la mente y el espíritu, y los resultados en mi salud no se hicieron esperar. Al poner en práctica los principios de esta ciencia mental, los cuales mi esposo y yo compartimos contigo en este libro, ambos recobramos la salud permanente.

El gran maestro Jesús, el más grande metafísico de todas las eras, enseña el principio de vida de una forma simple y sencilla: *"Te será dado en la medida en que tú creas"*, y aunque tú, lector, no creas, el simple hecho de que yo haya dado gracias a Dios por una salud perfecta aún sin tenerla, fue lo que me ayudó a recuperarme por completo. Como no tenía alternativa, cuando el maestro que me atendió me dijo que debía dar gracias durante el día todas las veces que pudiera, decidí hacerlo. Y el resultado de esta afirmación tan simple, lo vi a los tres meses.

Ahora tengo la explicación, al cambiar mi patrón de pensamiento de enfermedad a salud, llené el equivalente mental que la ley mental requiere y obtuve el resultado deseado. De esta manera, recibí *"de acuerdo con mi creencia"*.

La práctica de esta maravillosa filosofía de la Ciencia de la Mente, ha cambiado radicalmente mi vida. A diario recibo testimonios de resultados satisfactorios en las vidas de aquellas personas con las que Dios me ha dado la oportunidad de tener contacto. Tú, como ellos, puedes sanar tu vida a través de la mente.

Vive feliz, cree en Dios, cree en ti y acepta a los demás como lo que en realidad son, Hijos de Dios, como tú.

Alida Rodríguez Orozco

UN CASO INCURABLE DE ALERGIA Y ASMA

Padecía alergia y asma, pero yo mismo me recetaba, según lo que las personas me decían que iba a aliviarme. Así estuve haciéndolo por mucho tiempo, pero lo único que obtenía era un pequeño alivio temporal. A medida que pasaba el tiempo mi salud decaía, la alergia se agudizaba terriblemente, a tal grado que en cualquier época —primavera, verano, otoño e invierno— me daban "gripa" y "estornudos" no una, sino muchas, muchas veces, lo cual era bastante molesto. Por esta razón opté por tratarme médicamente.

Después de varios exámenes y pruebas de laboratorio, así como rayos equis, la ciencia médica me comunicó que padecía asma y alergia crónicos, y que eran casi imposibles de curar. Estuve bajo tratamiento médico por seis años.

Según mi historial clínico, mi mamá padecía de alergia, y un tío, hermano de ella, tenía asma, razón por la que yo había heredado de ellos estos males; para confirmar lo anterior y saber a qué era alérgico, me sometí a un periodo de pruebas con vacunas antialérgicas.

Después de ochenta y seis pruebas en ambos brazos, el resultado fue positivo en ochenta de ellas. Entre algunas de las cosas a las que era alérgico, resultó que el polen del maíz me afectaba mucho. Éste estaba en el aire, porque en los alrededores de Monterrey donde yo vivía se sembraba mucho maíz; entonces, era lógico, y para mi desgracia, que casi siempre estuviera en el ambiente.

No podía permanecer mucho tiempo sentado en el zacate porque también me afectaba. La lana asimismo me causaba mucho daño físico, me salían sarpullido y ronchas en la piel. No podía estar cerca del pelo de los animales y el polvo, principalmente cuando hacía aire, barrían o sacudían en casa, porque de inmediato me producían muchos estornudos y me fluía de manera terrible la nariz.

No podía estar cerca de algunas plantas porque me provocaban alergia. No podía permanecer en una habitación cerrada porque sentía que me faltaba el aire o que me ahogaba. No podía pararme cerca de algún ventilador encendido porque de alguna manera levantaba polvo y claro, eso me afectaba. Se me prohibió tomar leche y sus derivados, por el pelo de la vaca; no debía de tomar helado, porque se me cerraba la garganta; mucho menos fumar, estaba totalmente prohibido. Tampoco debía consumir tortillas de maíz o harina, pues el polen de esas plantas me afectaba. También me prohibieron los huevos.

Estuve sujeto a una dieta drástica y los resultados fueron mínimos, pues el mal continuaba. La doctora especialista que estuvo tratándome, probó toda clase de tratamientos que estaban a su disposición y empleó todo su conocimiento; estaba más preocupada que yo porque los tratamientos que se aplicaron en mi persona no respondían de manera satisfactoria a sus expectativas.

En cierta ocasión me dijo: "No me explico por qué con usted el resultado no es el mismo que con otros pacientes que tienen síntomas similares a los suyos. Ellos sí han mejorado notablemente". Hasta llegó a dudar que siguiera sus indicaciones, y le respondí que desde luego hacía todo lo que me ordenaba; además le dije que el más interesado en salir de esa condición era yo, ya que a nadie le gusta estar enfermo.

Muchas noches las pasaba casi sentado en la cama, porque al acostarme en ocasiones me venían ataques de asma, y eso originaba que sintiera que me ahogaba. Cada vez que la doctora recibía un nuevo medicamento para atacar mi enfermedad, yo era el primero en probarlo pues estaba muy al pendiente de mi salud —lo cual siempre le estaré muy agradecido— por desgracia, los resultados eran muy leves.

En ese tiempo salió un eslogan de los pañuelos desechables kleenex que decía: "yo sin kleenex no puedo vivir". Parecía que ese anuncio había sido hecho para mí, de acuerdo con lo que estaba experimentando, porque no podía andar sin kleenex en mi bolsillo. Los pañuelos convencionales de nada me servían, los mojaba demasiado y mi bolsillo permanecía también húmedo, por lo que opté por usarlos siempre.

Por supuesto que mi nariz estaba roja y rozada, así que tenía que traer o tener a la mano vaselina para evitar las rozaduras, asimismo mis ojos por lo general permanecían llorosos.

Un gran alivio llegó a mí cuando salió el medicamento Ventolín, un espray muy efectivo para despejar las vías respiratorias, que aminoraba mis constantes ataques de asma, por lo que siempre cargaba uno conmigo y otro lo tenía en la oficina donde trabajaba. Esto también originó que ya no estuviera tan expuesto a ser internado para recibir oxígeno, que era lo más común y apropiado.

Como eran tan frecuentes mis visitas al Hospital del ISSSTE, del cual era derechohabiente, ya era muy conocido por el personal médico, las enfermeras y el departamento de archivo, y cuando ingresaba, ya tenían a la mano mi expediente. Y la doctora me había dicho y les había dado instrucciones de que cuando llegara me pasaran de inmediato a su consultorio aunque estuviera con algún paciente, todo estaba programado.

En cierta ocasión, llegué muy mal; de inmediato recogí mi expediente y me dirigí al consultorio de la doctora, entré sin siquiera tocar la puerta. Cuál sería mi sorpresa, no estaba porque había salido de vacaciones y en su lugar estaba otro doctor, que al verme en las condiciones en que llegué, se sorprendió más. Le di mi expediente, lo revisó brevemente y me dijo: "¡Caramba! Qué barbaridad, pero si es para que ya no estuviera viviendo en este planeta tierra, todo le causa alergia. Lo mejor sería que se fuera a vivir a Marte, o mejor dicho a Plutón, que es el más retirado. Señorita, le dijo a la enfermera, llévelo para que lo internen de inmediato, no se nos vaya a ahogar aquí".

En esos momentos, yo no podía ni articular palabra, y tampoco podía creer lo que estaba diciéndome, pues en lugar de darme ánimo me hacía sentir peor.

A raíz de mis alergias, empecé a sangrar mucho por la nariz. Ésta se volvió muy sensible, lo que me preocupaba pues con cualquier golpecito, aunque fuera débil, sangraba;

lo mismo pasaba si me asoleaba o permanecía algún tiempo expuesto al sol, padecía el efecto del sangrado. Fue necesario que consultara a un otorrinolaringólogo.

Cuando me examinó, me dijo que tenía que cauterizar las cabezas de algunas venas de la nariz pues estaban muy débiles y deterioradas, pero que antes de hacerlo, probaría con unas vacunas nuevas que acababa de recibir. Eran unas gotas nasales espesas con un sabor muy amargo. Por fortuna, resultaron muy efectivas pues casi de inmediato mi nariz paró de sangrar; al término del tratamiento fui a revisión y el doctor me dijo que no era necesario cauterizar, porque todo había quedado muy bien cicatrizado.

Cuando le platiqué esto a la doctora que me atendía la alergia me dijo: "Bueno, si él lo logró entonces vamos a ponerle mucho entusiasmo para que usted también salga ya de esta condición". Después de este logro, adopté una actitud más positiva y le dije que con respecto a mí, iba a seguir al pie de la letra sus instrucciones.

Con el paso del tiempo y siguiendo los tratamientos ordenados por la doctora, empecé a sentir mejoría y tenía más ánimo. Entonces, se presentó la oportunidad de asistir a una fiesta en la cual no podían faltar los coctelitos —claro que yo los tomaba sin hielo— y como es natural en este tipo de reuniones, el humo del cigarrillo de los fumadores no se hace esperar. Como es sabido, a otros, entre los que estaba yo, les afecta más que a los propios fumadores. Al día siguiente amanecí con la garganta semicerrada y con dificultad para respirar. En esta ocasión el ventolín no dio muy buen resultado y tuve que irme a urgencias al hospital para que me ayudaran con oxígeno.

Así transcurría mi ritmo de vida —nada envidiable— hasta que un buen día en la oficina una compañera —quien ahora es mi esposa— me dijo: "Voy a prestarle estas revistas para que las lea, y verá que van a ayudarle a controlar su enfermedad". Le contesté que se lo agradecía mucho, que las leería después —y las puse en un cajón de mi escritorio. Luego le dije: "Estoy bajo tratamiento con una especialista, ¿usted cree que estos libritos van a ayudarme? Bueno, me respondió, por qué no lo pone a prueba, nada tiene que perder y sí puede ganar mucho".

Esta respuesta me dejó un poco intrigado y días después, al abrir el cajón de mi escritorio donde estaban las revistas, decidí hojearlas y en una de ellas decía: "La enfermedad no existe, es sólo apariencia y no es real". Esto me intrigó aún más y me dije a mí mismo: "¿cómo no va a existir la enfermedad, y esto que yo estoy sintiendo qué es?"

Continué leyendo, pero como mi mente estaba tan cerrada, viendo y viviendo sólo en el mundo material, era natural que no comprendiera lo que estaba leyendo. Por eso recurrí a mi compañera, para que me explicara un poco más; entonces me contó la experiencia que había vivido.

También a ella la ciencia médica le había diagnosticado una enfermedad incurable. Había padecido cirrosis hepática —su estómago no retenía el alimento, todo lo devolvía— ocasionada por el exceso de medicamento. Estuvo bajo tratamiento con un neurólogo, pero éste no pudo controlarle la crisis nerviosa. Buscando por otros medios recuperar la salud, se puso en contacto con una persona que la introdujo a una filosofía en la que se practica el poder mental-espiritual, y a través de afirmaciones y oraciones positivas, recuperó su salud.

Le dijeron que tenía que dar gracias por su salud, aunque de momento no la tuviera. Que debía practicar el agradecimiento y sobre todo que debía de perdonar y pedir perdón a las personas con las que estuviera en desacuerdo. Me dijo que daba gracias por su salud diez mil veces al día, y que a través de este método había logrado tener salud otra vez.

Por supuesto que mi razonamiento lógico no daba mucho crédito a sus palabras, pero algo muy dentro de mí me decía: "Pruébalo, pruébalo, nada te cuesta". En ese tiempo consideraba que no tenía fe, ni creía en las cosas del espíritu, pues era en cierta forma escéptico a todo esto.

A mi manera y con el sincero deseo de mejorar mi situación, hice un pequeño balance de mi lastimera vida hasta ese momento, y lo que en realidad deseaba vivir —una vida saludable y feliz. Por lo que tomé la firme decisión de cambiar mi actitud mental acerca de la enfermedad misma y su apariencia por la de salud perfecta y permanente.

En la ciudad de México, D.F., existe un movimiento filosófico-metafísico, cuyo origen se encuentra en Japón, denominado Seicho-No-Ie, que traducido al español quiere decir La Verdad de la Vida. En este movimiento filosófico se practican la gratitud, la bondad, la humildad, y el servir y dar con verdadero amor.

A través de los métodos y prácticas que aquí se imparten, empecé a ver las cosas desde otra perspectiva. Con ellos aprendí a reconocer mi espiritualidad; me enseñaron a meditar a través de una oración meditativa denominada "Shinsokan", y leí por largo tiempo las oraciones y "Sutras", que hablan sólo de la verdad del ser; la real y verdadera esencia de lo que somos —seres espirituales.

Lo más importante cuando entendemos lo que tantas veces hemos escuchado o se nos ha dicho, que somos Hijos de Dios, creados a Su imagen y semejanza, lo que significa entonces que no solamente somos seres humanos, es que reconocemos que somos ante todo seres espirituales —puesto que Dios es Espíritu—; por lo tanto Dios es nuestro Padre espiritual, nuestro Creador, proveedor y dador de vida.

A través de la práctica constante de esta nueva forma de pensar y orar, empecé a ver cambios y resultados en mi persona y poco a poco mi salud fue restaurándose. Lo que antes me habían prohibido comer, ya no me hacía daño porque todo bendecía y agradecía los alimentos. Seguí mejorando gradualmente y era lógico que eso contribuía para que se fortalecieran mi fe y mi creencia.

Asistía a seminarios y platicas que se impartían en su sede, participé y estudié esta filosofía durante casi diez años, hasta que me gradué como Dendoín o maestro. No conforme con esto, y movido por ciertas circunstancias, me vi obligado a renunciar a mi trabajo en que había laborado 23 años, para seguir aprendiendo y creciendo espiritualmente.

Como en México no existían maestros que pudieran enseñar niveles más elevados, tuve que emigrar a los Estados Unidos, específicamente a Gardena, California, donde está la sede de Norteamérica y donde continué mis estudios en Seicho-No-Ie.

Después de haber experimentado mi curación, mi entusiasmo fue creciendo y quería seguir aprendiendo aún más, porque muy dentro de mí sabía que el estudio es un principio que no tiene fin, y como dice la frase del gran filósofo griego Sócrates: "Yo sólo sé que no sé nada". Como era tanto mi entusiasmo, un buen día se presentó la oportunidad de conocer la sede de Ciencia de la Mente en Los Ángeles, donde continué mis estudios y al mismo tiempo reafirmé mi salud permanente, ya con bases científicas.

A partir de la "mágica" curación, mi vida ha sido bendecida por Dios, y en todas las áreas puedo testificar que ha cambiado cien por ciento para mejor. Me gusta mucho la frase de la Ciencia de la Mente y que en verdad es comprobable: "CAMBIA TU MANERA DE PENSAR Y CAMBIARÁ TU VIDA". De todo corazón te invito a que tú, como yo, lo compruebes.

Prof. José De Lira

CAPÍTULO II

"TODOS POSEEMOS UN TESORO"

Todos hemos sido provistos de un gran tesoro para disponer de él en el momento mismo en que nos demos cuenta de su existencia. Pero aun sabiendo esta verdad, si no nos deshacemos de las falsas creencias negativas que llevamos en la mente, no podremos hacer uso de él. Este tesoro es comparable a la parábola *"La Perla de Gran Valor"*, contada por el maestro Jesús, según ella para obtenerla estarías dispuesto a venderlo todo.

Este tesoro ya es tuyo, permanece en ti desde el momento mismo en que llegaste a este plano terrenal. Es una parte inherente en ti. El tesoro no está localizado en el exterior, radica en el centro de tu ser y es más maravilloso que la lámpara de Aladino.

Si tuvieras en tu poder esta lámpara, tendrías que guardarla muy bien para que no te la roben; además, sólo te concedería tres deseos cada vez —en cambio, siempre podrás extraer de tu tesoro lo que necesites en la vida para ser feliz, no hay límite ni tiempo.

Tampoco es necesario que escondas tu tesoro, está muy bien protegido porque está en tu interior, ahí sólo tú tienes acceso pues eres el único que posee la llave para hacerlo; ahí es *"donde ni la polilla ni el óxido corrompen; donde los ladrones no minan ni roban"*.

La mayoría de la gente busca afanosamente en el exterior lo que le hace falta para vivir feliz, y se pasa toda una vida sin encontrarlo —busca afuera lo que lleva dentro. Por ejemplo, anda en busca de alguien que la quiera, que la ame y reconozca, que la comprenda, que le provea lo suficiente para vivir sin preocupaciones. Esta gente ignora que la vida se vive de adentro hacia fuera y no viceversa.

Hay una antigua fábula que dice que en el océano había dos pececitos muy amigos, un día se encuentran y uno de ellos le dice al otro: "¡Hola, amigo! Te tengo una muy buena noticia. Acabo de enterarme que existe un gran océano en el que hay vida abundante y un gran tesoro. Quién te dijo eso, —preguntó el amigo—. Me lo contó mi abuelito, —le respondió—. Y dónde está ese océano, —vuelve a preguntar el amigo—. Ah, pues eso no me lo dijo, pero podemos ir a preguntarle. Pues vamos rápido, le dice el amigo." Y los dos amiguitos partieron a toda prisa.

Cuando llegaron al hogar del abuelito, el nieto le pregunta: "¿Verdad abuelito que hay un gran océano en el que hay vida abundante y un tesoro? Desde luego hijito, ya te lo había dicho. Pero ahora nosotros queremos saber dónde está dicho lugar. Bueno, le responde el abuelo, a mí me lo contó también mi bisabuelo, pero nunca me dijo el lugar. Pueden ir a investigarlo en la biblioteca pública, con toda seguridad ahí encontrarán información acerca de este maravilloso lugar".

Así, salieron presurosos los dos amiguitos hacia la biblioteca pública y al llegar, preguntan a la encargada del archivo: "Perdone señorita, ¿puede hacernos el favor de indicarnos dónde encontramos información acerca del gran océano donde hay vida?" La empleada extrañada sobre la pregunta les respondió: "Nunca he oído hablar de él, pero si ustedes buscan en aquel anaquel, seguro encontrarán algo al respecto". Y les indicó el lugar.

Allí se dirigieron los dos amiguitos y buscaron y buscaron, revisando libro tras libro, haciendo preguntas a todo aquel que se encontraban a su paso sin poder localizar el tan ansiado lugar.

Moraleja: No busques afuera lo que tienes dentro de ti. Que no te pase lo que le pasó a los pececitos, buscaban el tesoro y el océano de vida abundante en el exterior, sin darse cuenta que estaban viviendo en él; por esta razón no lo localizaron en *algún lugar* fuera de sí mismos.

Nuestra vida es interna y la disfrutamos externamente. Por eso, las necesidades que tenemos, ya sea de relaciones armoniosas con los demás, un trabajo apropiado y bien remunerado, una casa amplia y con comodidades, una cuenta bancaria o suficiente dinero, una salud permanente para poder disfrutarlo todo, etc., eso y más, se satisfacen a través del reconocimiento y la aceptación del poder interno que habita en nosotros y que no nos limita.

Somos nosotros mismos quienes nos limitamos todo el tiempo con nuestra forma de pensar, por la programación de la que hemos sido objeto y que aceptamos al no saber cómo rechazar las cosas que no queremos experimentar.

"NO TE DEJES INFLUIR POR NADIE"

Todos hemos sido influidos alguna vez, y tal vez eso sucedió en nuestra niñez, adolescencia, juventud o ya como adultos. Esto pasa comúnmente en todos los hogares del mundo. Influyen en nosotros con autoridad nuestros padres o los maestros en la escuela. Recibimos influencia de familiares, amigos y de los medios masivos de información que nos rodean.

No importa cómo haya sido, la responsabilidad es nuestra por haber aceptado lo que se nos dijo sin siquiera razonar; nadie puede obligarnos a creer en algo que no queramos.

Por ejemplo, yo puedo decirte: "el cielo no es azul, es verde y debes creerlo". Por no discutir o entrar en controversia conmigo me dirás que tengo razón y el cielo es verde; pero de antemano estás seguro de que el cielo es azul, aunque yo afirme lo contrario.

Pero no se trata de buscar culpables, sino de darnos cuenta que el poder que nos sostiene y anima, y que siempre nos responde y corresponde trabajando fielmente para nosotros, puede modificar las cosas si le damos nuevas órdenes para establecer nuevas actitudes o pensamientos constructivos que nos beneficien a nosotros y a los demás.

"NOSOTROS CREAMOS LA ENFERMEDAD"

Consideramos que desde hace mucho tiempo, la enfermedad ha existido en la mente del ser humano. De una u otra forma, nosotros mismos hemos estado enfermos alguna vez; en consecuencia, no podemos negar que ésta exista. Cuando la mayoría de nosotros llegó a este mundo lo hizo sano, por lo tanto deberíamos permanecer así. Esto indica que la enfermedad la originamos nosotros, y todo lo que hacemos podemos deshacerlo.

Lo que deseamos es que ustedes tengan información clara acerca sobre cómo deshacerse de la enfermedad. Ella no tiene poder alguno para permanecer en nuestro cuerpo, nada más el que cada cual le da, de acuerdo con sus creencias y aceptación de la misma. *"Te será dado en la medida que tú creas"* o *"De acuerdo con tu fe, así sea en ti"*. Hace dos mil años se pronunció esta verdad universal que tal vez muchos la hemos escuchado miles de veces, pero somos pocos los que la hemos comprendido y practicado, ya que se trata de una ley mental-espiritual.

En otras palabras, fe, creencia y convicción, es igual a curación. Como ya lo explicamos con anterioridad, el poder creativo que reside en nosotros sólo obedece y crea aquello que aceptamos. Por sí mismo no crea, su función es producir resultados de acuerdo con nuestra elección; por lo tanto, la enfermedad aparece en el cuerpo como un *efecto* del poder del pensamiento, que es la *causa* que la originó.

Para reafirmar aún un poco más, debes saber que nuestro poder interno no es selectivo, lo mismo trabaja para darnos salud que enfermedad. Por ejemplo, cuando los pensamientos son positivos y constructivos, los resultados que obtenemos como respuesta son una radiante salud, fortaleza física, claridad mental y en consecuencia, éxito en todo lo que hacemos y pensamos. Pero cuando los pensamientos son destructivos, operan de manera negativa en nuestro subconsciente, y con el tiempo se convertirán en actos exteriores desagradables, tristes y hasta funestos.

Él no discute con nosotros si elegimos pensamientos buenos o malos, se limita a responder según la naturaleza de los mismos. Recuerda, es como la tierra que acepta cualquier clase de semilla, buena o mala.

Por lo tanto, si has elegido algo incorrecto, tu poder lo aceptará como verdadero y procederá a manifestarlo objetivamente. Todas las cosas que has experimentado en tu vida, están basadas en los pensamientos impresos en tu subconsciente.

Como la Ley Divina es infinita, desde el punto de vista espiritual, no existe enfermedad incurable. La Ley no sabe nada de enfermedad, sólo actúa. Debes de comprender que tu palabra es el poder y la actividad de la Vida de Dios en ti. El único poder que existe en el universo es el Poder Divino, no hay otro.

Tu palabra es la ley hacia lo que está dirigida y cuenta con la habilidad, el poder y la inteligencia, de ejecutarse a sí misma por medio de la Gran Ley que gobierna toda la vida.

Para el Espíritu nada es imposible. La palabra "incurable" quiere decir no ser susceptible de ser curada. La definición de *curar* es "cuidar". Si decimos que una enfermedad es *incurable*, estamos diciendo que no es susceptible al cuidado. Mientras cualquier célula esté viva, es susceptible al cuidado, es decir, si una persona está viva, las células de su cuerpo responden al cuidado.

Sabemos que el pensamiento cambia constantemente, tomando siempre nuevas formas de expresión. No es posible que sea permanente, tiene que cambiar. Por consiguiente, podemos transformar cualquier pensamiento para algo mejor.

La ciencia médica está usando cada vez menos el término "incurable" porque sabe que la mayoría de las enfermedades se cura. Por lo tanto, debemos alegrarnos de saber que toda enfermedad puede ser curada.

"BUENA O MALA SALUD TÚ LA CREAS"

Si nosotros no interfiriéramos con la función del poder creativo que existe en nosotros —el creador de nuestro cuerpo—, él nos mantendría siempre con una salud radiante, pues ésa es su primordial función ya que a través de nuestro cuerpo el Espíritu Divino que hay en nosotros se expresa manifestando cosas.

La ciencia dice que la piel segrega mucho más sudor cuando estamos dormidos que despiertos. Respiramos aire, que purifica nuestro cuerpo con cada inhalación y exhalación; asimismo nuestro corazón late e irriga la sangre al cuerpo. Nuestros ojos, oídos y todos los sentidos, permanecen activos estemos despiertos o dormidos, estemos conscientes o no de este hecho; todo continúa en un proceso silencioso y perfecto.

En nuestra ignorancia de cómo funciona el poder que sostiene nuestro cuerpo, interferimos con el buen funcionamiento del mismo con sistemas de falsas creencias y acondicionamiento verbal.

Por ejemplo, nos han programado para preocuparnos, estar temerosos, angustiados y vivir bajo una eterna incertidumbre. Estos estados mentales minan nuestra salud. Si eres una persona que tiene alguna o algunas de estas cosas, analízalas con detenimiento, razona por un momento, y llegarás a la conclusión de que nada de eso te beneficia.

No conocemos a alguien que preocupándose por algo lo haya solucionado; que angustiándose recobre la calma; que estando temeroso se mantenga equilibrado, y viviendo con incertidumbre lo sepa todo.

Si deseamos vivir saludables, tenemos que cooperar con nuestro poder interno manteniéndonos relajados física y mentalmente el mayor tiempo posible. El creador de nuestro cuerpo siempre busca preservar nuestra salud por todos los medios, y si nosotros hacemos nuestra parte, entonces nos mantendrá siempre sanos, con mucho entusiasmo y fortaleza.

A nosotros nos corresponde descansar periódicamente cuando tenemos mucha actividad física; no esperemos tener tiempo para hacerlo, sino démonos el tiempo necesario. Debemos comer a nuestras horas, seleccionar alimentos y bebidas que sean nutritivos y sanos. Por desgracia, la mayoría de las personas es muy indisciplinada en lo que se refiere a su dieta alimenticia. Muchas la exageran yéndose a los extremos. Por la mañana, algunas sólo acostumbran tomarse un café sin más nada, y comen después de las cinco de la tarde —pero en el transcurso de ese tiempo de vigilia se exceden comiendo dulces y chocolates, así como toda clase de "fritos" o la llamada comida "chatarra".

Otras dicen ser vegetarianas, por lo tanto "nada de carne" —de ninguna clase. Algunas —en ese período de tiempo—, toman nada más agua, no obstante dicen: "si tomo agua, me engorda". ¿Cómo luce su figura? Pues obesa, ¿por qué? Porque *"Te será dado en la medida que tú creas"*.

En una ocasión, un alumno recién ingresado a nuestro Instituto me preguntó qué opinión tenía la Ciencia de la Mente respecto a las personas vegetarianas. Le respondimos que cada cual es libre de elegir la clase de alimento que desee ingerir. Que este estudio no interfiere con el libre albedrío que Dios nos dio a todos por igual para escoger lo que queramos. Asimismo somos muy respetuosos con respecto a las creencias de cada cual, ya sean de carácter religioso o alimenticio.

Le explicamos que ningún extremo es saludable. Si comes de más o de menos, puedes provocarte un deterioro físico. Es importante que estés tranquilo y relajado física y mentalmente cuando vayas a tomar los alimentos. Adopta un régimen normal de comida hasta que te sientas satisfecho. Bendice y agradece los alimentos antes de ingerirlos. Reposa un rato después de terminada la comida y nunca hagas comentarios negativos durante el transcurso de la misma.

Él nos dijo que es vegetariano porque donde estudió antes de venir aquí le dijeron que comer carne era malo, porque contenía muchas toxinas. Le dijimos, que si creía que ser vegetariano beneficiaba su salud, entonces siguiera esa línea, pero que lo hiciera por convicción, no porque otro lo decía.

Le preguntamos: "¿Qué edad tienes? Contestó que 30 años. ¿Cuánto tiempo hace que comes nada más vegetales? Hace 5 años, respondió. Antes de que fueras vegetariano, ¿te enfermabas mucho? ¡No! Nos dijo asombrado, últimamente he notado que me enfermo con mucha frecuencia, y yo siempre había sido una persona muy sana".

Como puedes concluir, ser vegetariano o comer carne no significa que te mantengas siempre sano. Lo que nos mantiene sanos es nuestro estado mental acerca de las cosas, las actitudes sobre nosotros y los demás. Vigila tu pensamiento y mantén tu atención enfocada en lo que deseas experimentar, porque recibirás el resultado de lo que crees no de lo que otros dicen. Tú eliges la salud o la enfermedad.

En la página 255 del libro de texto de la Ciencia de la Mente, escrito por el Dr. Ernest Holmes, dice lo siguiente: *"Pensamientos Acerca de los Alimentos. La comida tiene que ser una idea espiritual. Tiene que ser una idea de sustancia y abastecimiento. Como la comida que ponemos en nuestro sistema es, fundamentalmente, una con el cuerpo que la recibe, no existe ninguna razón en el Espíritu para que la comida nos dañe. No podemos comer demasiado o comer cosas inapropiadas y esperar que esto nos haga bien. Pero hay una inteligencia dentro de nosotros que nos guía a una dieta adecuada. Debido a que cada persona es individual, el tomar alimento es una idea individual y es un acercamiento individual a la Realidad. La Inteligencia nos dirige a tomar lo que necesite nuestro sistema físico individual para estar en armonía. Pero no podemos esperar que nuestra comida nos siente bien si vivimos constantemente condenándola".*

CAPÍTULO III

USA TU PODER MENTAL

*E*n este capítulo, a través de la Oración Científica, vas a aprender a solucionar tus problemas, no importa su magnitud.

Por ejemplo, el cáncer es una de las enfermedades más temidas y menos comprendida. En los Estados Unidos de América y en algunas partes de México, se han dado grandes pasos hacia la comprensión de la relación que existe entre el estado mental de los pacientes de cáncer y el desarrollo de una cura para el mismo.

En la Unión Americana, el Dr. Carl Simonton trata a sus pacientes con cáncer hablándoles y razonando con ellos sobre la naturaleza del mismo. Por desgracia, nos han informado mal y creemos que el cáncer es una enfermedad "maligna", que ataca sin piedad a las personas en forma inesperada.

Le hemos dado tanto poder a esta versión, que la consideramos más poderosa que cualquier sistema de defensa conocido, y es inmune a la mayoría de las medicinas sintéticas y técnicas que los científicos han desarrollado.

Pero las nuevas investigaciones han revelado que el cáncer no se desarrolla por sí mismo y que las células cancerosas son muy débiles e indefensas.

Estas células están presentes en todos nosotros y se eliminan con facilidad por medio de las funciones normales de nuestro cuerpo, sin que nos percatemos de ello. Esta asombrosa revelación revolucionó al mundo de la medicina, y continuará haciéndolo cada día más y más.

El problema de la gente que padece esta enfermedad, en comparación con aquellas que no la tienen, no radica en las células cancerosas, sino en la paralización brusca del funcionamiento del cuerpo cuando la persona se entera que padece este mal. Cada vez más, los doctores descubren que el cuerpo de las personas que desarrollan cáncer, ha sido debilitado por factores emocionales psicológicos y físicos.

El Dr. Simonton dice: *"Nuestro cuerpo responde a la forma en que vivimos, en particular a nuestras reacciones emocionales. No sabemos cuántas células cancerosas desarrollamos normalmente durante nuestra vida, pero tal vez sean miles, millones, o aun miles de millones, y no adquirimos la enfermedad, ya que, nuestro cuerpo tiene mecanismos que funcionan a la perfección y manejan fácil y automáticamente la situación".*

Comprender esto, continúa diciendo Simonton, hace que el paciente abandone la creencia de que "esta terrible enfermedad me atacó", y lo lleva al estado sano de control mental en el que "algo que normalmente está en equilibrio, perdió su balance".

Un hecho muy importante en la susceptibilidad del cuerpo a enfermedades infecciosas y virales, como al cáncer y a cualquier enfermedad, es el sistema básico de resistencia. Éste es afectado por diferentes factores complejos.

Algunos oncólogos creen que uno de los factores principales es la reacción de la persona a un prolongado temor y frustración. Hay un conocimiento importante que todos nosotros deberíamos saber sobre la cura o la prevención del cáncer, y es que existe un mecanismo sanador natural en nuestro cuerpo.

Saber esto, nos lleva más allá de la creencia temerosa y errónea de que el cáncer tiene más poder que las células sanas. Conocer el mecanismo innato de nuestro cuerpo, nos libera del miedo que podría ocupar un papel muy importante en el desarrollo de la enfermedad. Podríamos decir que el miedo prolongado provoca frustraciones que producen esta enfermedad, pero el conocimiento de cómo sobreponernos a ella produce fe, y ésta genera cuerpos saludables que sanan nuestro cuerpo. El miedo al cáncer es con frecuencia una profecía que se cumple por sí sola.

Cuando el doctor o terapeuta espiritual conoce la mecánica de la mente, estimula la energía emocional positiva y constructiva en los pensamientos de sus pacientes. Esto acelera el mecanismo sanador que existe dentro de la persona que sabe qué hacer y cómo hacerlo para guiarlo hacia su salud completa.

Si el estado emocional de la persona es de ansiedad y frustración, falta de confianza, o intenso temor, tal vez sea muy probable que abandone los esfuerzos por seguir viviendo, hasta puede pensar que para ella la vida no tiene ningún sentido. Mentalmente este mensaje es enviado al cuerpo —cuya salud es natural— no obstante, él se ajusta a esa creencia, manifestando aún más su deterioro.

Cuando la persona tiene estas actitudes, es necesario desarrollar un nuevo sistema de creencia con relación al cáncer y la habilidad del cuerpo para curarse por sí mismo; de igual forma, se le hace saber que tiene el poder, a través de la mente, para lograr su propia salud.

Algunos malos hábitos que también contribuyen con este mal, son la mala alimentación, las adicciones e inactividad física. La prevención y curación del cáncer varían en cada individuo, de acuerdo con su estado emocional, que es de suma importancia en la sanación.

Entonces, la mente es el punto de partida. Debemos pensar siempre con energía y optimismo en lo que realmente deseamos experimentar, no en lo contrario. Lo más importante es saber que las defensas naturales del cuerpo son más poderosas que las células cancerosas. Este conocimiento por sí solo llevará a muchos, que han batallado con la creencia del poder de las células cancerosas, a pensar y actuar en forma más sana y productiva.

Ahora es el momento para que las personas se aferren a este conocimiento y actúen de acuerdo con él. Es cuestión de reprogramar la vieja creencia e implantar la verdad en la mente, que es impresionable. Esto no quiere decir que nos convertiremos en médicos con un conocimiento detallado de células y organismos.

No tienes que saber qué condición padeces para sanarte, sólo debes aceptar que ya tienes la salud para que ésta se manifieste en tu cuerpo. Lo que en verdad tenemos que entender es la solución, no el problema, y darnos cuenta que ahora tenemos los medios para edificar una conciencia de salud.

Es muy importante saber qué cosas nos hacen sentir alegres y entusiastas, porque ellas nos ayudan a cambiar el enfoque de la mente a algo agradable, y a la vez estimulan el sistema inmunológico. Después de todo, las cosas simples constituyen la mayor parte de una vida. Si sabemos lo que nos alegra y entusiasma, tenemos una visión más clara de lo que percibimos como propósito de la vida.

Con tal conocimiento básico de nuestro "yo", podemos movernos en la dirección que elijamos conscientemente. Ésta es la realización constructiva de nuestro ser. Desde aquí buscamos la guía del centro espiritual en nosotros a través de varias formas de meditación.

Con la meditación enfocamos la mente sólo a lo que deseamos, y así la apartamos de distracciones, preocupaciones y de lo que sucede a nuestro alrededor. Éste es un paso preparatorio para concentrarnos una vez más en una dirección positiva. El método de meditación que usemos no tiene importancia, lo importante es purificar la mente de toda negatividad y luego enfocarla otra vez para encontrar la guía de la fuerza creadora, a la que estamos unidos por medio del proceso mental.

Al principio, para nadie es tan fácil lograrlo, principalmente para aquellas personas a las que se les diagnostica cáncer; es lógico que esto sea más difícil para ellas. La condición se ha arraigado de manera profunda en sus mentes gracias a sus creencias, sugestiones e influencias por lo general reforzadas por doctores y familiares.

Puede ser difícil para ellas pensar de nuevo en algo animador y alegre. Pero una manera para lograrlo es analizar qué les hacía sentir bien en el pasado y ponerlo a prueba, aunque los esfuerzos parezcan en vano. Cuesta trabajo volver a enfocar nuestra atención en la alegría, pero es necesario y recompensador en el proceso de la curación.

Cuando una persona se encuentre muy deprimida, es necesario que otra persona tome parte en el asunto, haciendo remembranzas de esos momentos alegres y felices, cuando estaba completamente sana.

Somos seres individuales únicos, y por esta razón es muy importante que demos carácter personal al tratamiento de cada paciente. No obstante, todos deben ser instruidos respecto a la irrealidad del cáncer y la potencialidad de nuestro cuerpo para curarse a sí mismo. Luego, se les deben enseñar a enfocar sus mentes sólo en lo que realmente desean tener y disfrutar.

Una parte de esta instrucción tiene lugar en la meditación guiada. Se les enseña a relajarse todo lo que les sea posible. Hay muchos métodos y técnicas para hacerlo, entre ellos está la respiración profunda o el ejercicio físico, cuando la persona puede hacerlo. Lo importante es que el paciente se sienta confortable, tranquilo y seguro.

Entonces, la persona que ayuda al paciente y éste comienzan el proceso de descubrir los pensamientos que estimulan entusiasmo y esperanza. El paso siguiente es que él se visualice en perfecta salud. Que se "vea" haciendo aquello que tanto le gusta, lo que hacía cuando estaba sano, por ejemplo haciendo algún ejercicio, como jugar tenis, correr, bailar, subir la montaña o simplemente caminar.

En este proceso, el entusiasmo es vital. La emoción es necesaria para que la mente comunique el mensaje de salud al cuerpo, por lo que es muy importante que la visualización la haga el paciente. Las reacciones de enfermedad en nuestro cuerpo son negativas, pero las buenas nuevas son que nosotros controlamos las reacciones transformando nuestras creencias.

Por medio de la meditación, obtenemos la guía de la sabiduría innata en nosotros, la fuerza creativa del universo. Esto nos llevará hacia la vida y salud perfectas, ya que es el estado natural de todo ser. Debemos de aprender a ser nosotros mismos, a reconocer quiénes somos en realidad —no simples seres humanos limitados, sino seres espirituales e ilimitados—, sin reprimir a nuestro propio "yo" porque eso produce miedo y frustración, que a su vez conducen a la enfermedad y a la muerte prematura.

La filosofía de la Ciencia de la Mente que nosotros practicamos es simple y sencilla, pero no tan fácil de seguir y aplicar porque hay que cambiar las creencias de toda una vida. Sin embargo, cuando tomamos la firme decisión de hacer los cambios necesarios para lograr la salud, vemos los resultados que tal vez con anterioridad hubiéramos considerado "milagros", pero que con el conocimiento que ahora tenemos decimos que el uso simple y correcto de las leyes espirituales, nos da un resultado igual a nuestra fe, creencias y convicciones; o como lo dijera el más grande de todos los metafísicos, el gran profeta Jesús: *"Te será dado en la medida en que tú creas"*. Así de simple.

CAPÍTULO IV

CAUSAS Y EFECTOS CORRESPONDIENTES

Como practicantes de la Ciencia Mental, el remedio que aplicamos es el Principio de Curación, El Sanador, El Conocedor, El Principio Crístico —el Único Poder curativo que existe en el universo, el poder mental que todos poseemos.

Enseguida vamos a proporcionarte una guía de las causas que originan algunas enfermedades, así como láminas con los órganos perfectos para que los visualices de acuerdo con el padecimiento que estés experimentando, y así puedas recuperar más rápido tu salud.

TRATANDO EL DOLOR DE CABEZA

Por lo general, las personas que sufren frecuentes dolores de cabeza son personas irritables, se preocupan demasiado o trabajan en exceso y sin descanso. La migraña es originada por la resistencia a la vida, el desacuerdo con tus superiores o temores sexuales.

El tratamiento para el dolor de cabeza y la migraña es muy simple y efectivo. La mejor manera de tratarlos es darte un tiempo para que te relajes. Siéntate lo más cómodo posible y relajas el cuerpo lo mejor que puedas según tu comprensión o método usual.

Una vez hecho esto, usa el pensamiento de paz reconociendo el poder sanador que hay dentro de ti. A continuación, dirige el pensamiento hacia donde sientes el dolor y afirma: *"Aquí, donde estoy sintiendo este dolor, sólo acepto la perfección de Dios en mí"*. Repite esta afirmación varias veces y verás que casi de manera instantánea desaparece el dolor.

TRATANDO LA DEMENCIA

Al tratar a una persona que no tiene el control de sus facultades mentales, debes de saber que sólo hay una Mente, que es Dios y es perfecta. Es la Única Mente que existe; por lo tanto, esa Mente es la misma en la persona que aparentemente está enferma.

Como ella no puede hacer esto, ayúdala de la siguiente manera; en primer lugar, nunca pienses que su mente está "perdida" y afirma lo siguiente: *"(**Di su nombre completo y después**) Tu mente es parte de la Mente Divina; por lo tanto, no puede obrar bajo ningún engaño; no puede ni por un momento perder el conocimiento de sí misma. Tu mente es la Mente de Cristo y en ella sólo hay perfecto control"*. Repite esto para él o ella cuantas veces puedas, pensando y sintiendo que es verdad. El resultado se dará irremediablemente.

TRATANDO LA VISIÓN

Según las Sagradas Escrituras, la mente y el cuerpo deben mantenerse puros —deben estar siempre "enfocados" a ver el bien— para lograr una visión perfecta y permanente.

"El ojo es la lámpara del cuerpo. Así que si tu ojo es brillante, ten la certeza de que todo tu cuerpo estará lleno de luz... todo lo contrario será si tu ojo está enfermo. Ten por cierto que tu cuerpo estará en oscuridad" (Mat. 6:22, 23).

Sabemos que los ojos no ven por sí solos, la mente es la que ve a través de ellos, la que interpreta lo que los ojos ven. Nuestros ojos representan la habilidad de discernimiento de nuestra mente al observar el mundo objetivo.

Cuando la mente se ilumina, generalmente exclamamos "ya veo, ya veo", lo que significa que logramos la comprensión mental. Por ello, esta sencilla afirmación te será de mucha ayuda para mejorar o restaurar tu visión: *"Dios ve a través de mis ojos. Mis ojos son las ventanas del espíritu Divino dentro de mí, por eso mis ojos sólo ven lo bello y lo bueno en mí, en todo y en todos".*

TRATANDO LOS OÍDOS

Los oídos representan la capacidad de escuchar. Por lo general, cuando no deseamos escuchar lo que dicen las personas que están a nuestro alrededor, empezamos a perder la capacidad de oír. Te sugerimos que hagas lo siguiente; en primer lugar, debes estar siempre dispuesto a escuchar y a tomar sólo lo bueno de lo que te digan.

Aprende a oír y a escuchar. Oír es que lo que estén diciéndote, penetre por uno de tus oídos, y que salga por el otro lo que no deseas escuchar. Escuchar es prestar atención a lo que te digan y lo registres dentro de ti.

Afirma lo siguiente: *"**Mis oídos están abiertos y receptivos a escuchar sólo lo bueno**".*

TRATANDO LOS RESFRIADOS

Los resfriados se producen por una agitación mental y una gran pérdida, por una impresión mental, confusión, celos, resentimiento, disturbios, que afectan nuestra mente y sentimientos.

Lo mejor que podemos hacer es descansar, traer paz a nuestro corazón y establecernos en el amor y la fe de Dios; enfrentar cada situación con una oración de confianza y fe en el Creador. De esta forma nos recuperaremos con facilidad de la pérdida de algún ser querido, la confusión o de algún pensamiento erróneo establecido en nuestro subconsciente, como "cuando llegue el invierno vamos a enfermarnos".

Haz la siguiente afirmación: *"**Yo tengo fe en Dios, y sé que Su amor me envuelve, protege y sana mi cuerpo ahora de toda perturbación**".*

TRATANDO LA BOCA

A través de la boca ingerimos los alimentos y también expresamos nuestras ideas. Cuando comunicamos pensamientos de ira, coraje y venganza, las actitudes "negativas" nos causan el mal aliento.

Es muy saludable hacer la siguiente afirmación: *"Ahora dejo ir todos mis pensamientos negativos del pasado y escojo sólo expresar amor y bondad a través de mi boca".*

TRATANDO EL CUELLO

El cuello representa la flexibilidad que tenemos al tratar los problemas que enfrentamos en la vida. Esta afirmación volverá más flexible tu cuello y a la vez todo problema tendrá una solución.

"Yo dejo a Dios que actúe en esta situación (o problema). Yo sé que Él siempre tiene la respuesta correcta para cada situación".

TRATANDO EL CORAZÓN

El corazón es el centro del Amor Divino y de la circulación perfecta. Su acción siempre es armoniosa, vital y completa. No hay ninguna acción incorrecta en nuestro corazón, sus pulsaciones son firmes, constantes y perfectas porque es el centro del amor del hombre, y sus pulsaciones indican vida y son gobernadas por el Amor. *"Nunca permitas que tu corazón se aflija"*. A Salomón se le acreditan muchas frases sabias, una de ellas es ésta: *"Guarda con diligencia tu corazón, porque de él emana la vida"* (Prov. 4:23).

Por lo general, en todos los casos de enfermedades del corazón, podemos identificar su origen con facilidad; puede ser a causa de tensión, preocupación o falta de armonía; también por decepciones o desacuerdos con personas amadas; o condiciones financieras adversas.

Te decimos con toda seguridad que el remedio para las enfermedades del corazón es el Amor. Primero tienes que liberarte de la preocupación, tristeza o el dolor que te ha causado el ser amado. Entiende que el corazón es un centro viviente a través del cual se expresa el Amor de Dios para bendecir no sólo tu vida y la mía, sino también la de todos los que tocamos. El corazón no puede sentir aflicción.

Otra idea errónea que debe considerarse al tratar al corazón es la de la edad. La raza humana lleva consigo la sugestión de las firmes creencias sobre condiciones tristes que se presentan a las personas de la "tercera edad", como el endurecimiento de las arterias, que obstruye el paso de la corriente sanguínea al cerebro.

El tratamiento que aplicar es el reconocimiento de que sólo existe una Mente, por consiguiente ninguna idea de depresión, temor o sugestión de falta de perfección, puede llegar a Ella. El hombre es un espíritu eterno, perfecto y completo. La vida no envejece.

Dios —en nosotros, a través de nosotros y como nosotros— sólo se expresa de acuerdo con Su naturaleza perfecta. Por lo tanto, la Ley de nuestro ser es la Ley de asimilación, eliminación y circulación perfecta; neutraliza lo que no es semejante a Ella.

El simple hecho de reconocer que "la Vida de Dios está en mí", nos ayuda a mejorar el ritmo cardíaco. En la página 236.3 del libro La Ciencia de la Mente, del Dr. Ernest Holmes, dice: *"Algunos médicos dicen ahora que la acción del corazón es acción refleja, y que la dilatación y contracción del corazón es gobernada por centros de nervios simpáticos en la columna vertebral; y mientras dicen que la voluntad no gobierna el latido del corazón, las emociones sí afectan al corazón, y un pesar repentino e inesperado a veces causa la muerte instantánea".*

Los pensamientos de amor a la humanidad eliminan la tensión, estimulan el corazón hacia la acción saludable, y envían nueva vida a cada parte del cuerpo. *"Bienaventurados los puros de corazón porque ellos verán a Dios".*

Afirma: *"Yo ahora descanso en la Vida y el Amor de Dios. Mi corazón, que es el símbolo del Amor Divino, está funcionando perfecta y maravillosamente. Nada puede obstruir el fluir de la vida espiritual que lo sostiene. Y así es".*

TRATANDO LOS PULMONES

Generalmente la causa de enfermedades en los pulmones es una pasión que consume, una emoción fuerte que no ha sido expresada. Como en todos los casos, la persona debe aceptar que sus bronquios son perfectos, su traquea es perfecta y sus pulmones son perfectos. Recordemos que nuestra palabra es ley, es el poder que el Creador nos ha dado para aceptar o rechazar lo que queramos.

La afirmación que la persona puede hacer es como se les dijo con anterioridad; primero, debe relajarse y pensar de la siguiente manera: que al inhalar está inhalando la Vida de Dios y exhala lo que lo consume por dentro. Al respirar, él o ella está respirando vida y perfección, y así debe continuar unos minutos, inhalando y exhalando. Tiene que permanecer siempre consciente de que sus pulmones están regenerándose a través de este proceso.

También debe sentir que su vitalidad no disminuye, por el contrario, debe afirmar verbal o mentalmente que se fortalece y vivifica en cada respiración.

Debe continuar diciendo para sí mismo lo siguiente: "Ahora borro de mi conciencia la creencia errónea de que los tejidos de mi cuerpo pueden deteriorarse, inflamarse o destruirse. Yo confío en que el Poder de Dios dentro de mí renueve todo tejido, átomo y función de mi cuerpo físico, y que la perfección del espíritu en mí toma lugar ahora".

TRATANDO LOS RIÑONES

Los pensamientos que generalmente contribuyen a producir toda clase de problemas en los riñones son la preocupación, la ansiedad, el temor y la crítica. Otros son causados por shocks repentinos o por pesar.

Saber conscientemente que en la Mente Divina somos reconocidos como *personas perfectas,* eleva nuestro pensamiento de tal manera, que cada reacción mental y emocional mejora las circunstancias y condiciones que nos aquejan.

Por esta razón afirma:

"Mis riñones funcionan perfecta, natural y adecuadamente. Ellos se ajustan a su perfección espiritual".

TRATANDO LA VESÍCULA

La mayoría de las personas que padecen de la vesícula biliar son personas orgullosas, y en cierto sentido se sienten frustradas; son intolerantes, reprueban lo que los demás hacen. En otras palabras, consideran que sólo ellas están en lo correcto.

Si deseas mejorar tu salud, tienes que soltar de tu mente todas esas actitudes de juzgamiento y crítica. Olvídate del pasado y aprende a vivir en el ahora con una nueva actitud mental positiva.

Si experimentas algún malestar en la vesícula, no permitas que se agrave y te lleve a una intervención quirúrgica. Tienes el poder para cambiar esa condición, y si realmente deseas estar sano, entonces afirma de lo siguiente:

"Hoy yo estoy dispuesto a cambiar dejando ir el pasado y vivir y disfrutar sólo lo bueno en el presente".

TRATANDO LOS NERVIOS

Debes saber que los pensamientos son cosas. Es fácil ver que algunos pensamientos nos deprimen y otros nos estimulan. Esto sucede de acuerdo con la Ley Mental única que gobierna nuestra vida. Al saberlo, comprendemos que tenemos que cambiar ciertos esquemas mentales para tratar algunos casos.

Consideremos qué clase de pensamientos debemos de usar para tratar problemas de los nervios. Por supuesto que los pensamientos que nos deprimen, pues nunca van a ayudarnos a recobrar la estabilidad mental. Sabemos que afirmar pensamientos positivos nos ayuda a sanar por completo esta dificultad.

Los nervios representan la forma más elevada de la inteligencia que fluye a través de nuestro cuerpo. Por lo tanto, son el conducto por el cual la Mente, en su forma más elevada, controla el cuerpo humano.

La curación general para el desorden de los nervios debe incorporar pensamientos de paz, equilibrio y de poder.

Entrena la mente observando y aceptando sólo lo bueno, lo bello y perdurable que te rodea. Por el contrario, rechaza los pensamientos que te causan depresión, desaliento o indecisión.

Desde luego que nosotros siempre tenemos la opción y el poder para neutralizarlos, o permitir que nos perturben y nos afecten.

Lo que más altera los nervios son las preocupaciones de diferentes índoles, como el temor a ciertas situaciones, condiciones o personas. En ocasiones, nos da miedo comunicarnos con los demás, pues tememos no ser comprendidos; vivir tensos; andar siempre deprisa; tratar de hacer muchas cosas a la vez; hechos y pensamientos tristes del pasado; la pérdida de la persona querida; darnos cuenta o saber que nos han traicionado. Éstas son algunas de las cosas que más afectan a nuestro sistema nervioso.

Si deseas mantenerte siempre equilibrado física y mentalmente, entonces afirma lo siguiente:

"Yo (menciona tu nombre completo) en este momento abro mi mente a la Mente Infinita, para que Su paz penetre dentro de mí y disuelva todo temor o ansiedad que pueda haber en mí. Padre, que Tu sabiduría fluya a través de mi mente y que Tu fuerza fortalezca mi cuerpo, que es Tu templo. Amén".

TRATANDO PROBLEMAS DE LA SANGRE

El flujo sanguíneo del cuerpo representa la circulación del pensamiento puro que fluye directamente de la Mente Divina. El metabolismo es la inteligencia del hombre, ésta sabe qué utilizar y qué desechar. A través de la corriente sanguínea, la Vida se purifica y se perfecciona en todos y cada uno de nosotros.

El Espíritu jamás se enferma ni está anémico. Se considera que la anemia es la falta del conocimiento del amor y del flujo de vida —que es el Espíritu. No existe ni alta ni baja presión en este fluir, porque es estabilizada por el propio Espíritu. No hay inacción ni demasiada acción, porque la acción, que es espiritual, siempre es perfecta. Esta corriente de vida se renueva constantemente, no es material, sino espiritual.

Nuestras arterias transportan la corriente sanguínea y no se endurecen ni se ablandan, están siempre flexibles y perfectas. No hay tensión ni súper-tensión, sino una corriente colmada de vida vigorizante, que de manera instantánea y perfecta renueva, revitaliza y distribuye a todo el cuerpo la sustancia espiritual pura. En ella no hay agitación interior ni irritación exterior.

Sabemos que la alta presión es como un volcán que hace erupción, y una persona con presión alta se parece a él. Ella guarda resentimientos, se irrita y no expresa esos sentimientos; en consecuencia, tarde o temprano se expresan manifestando este mal.

También es posible este padecimiento sea causado por un pensamiento oculto que esté profundamente enraizado en nuestro subconsciente, y que no hayamos percibido de manera consciente. Pero si lo notamos o alguien nos lo hace ver, entonces no debemos demorar en eliminarlo, dándole una salida para que no nos moleste más.

Los principales factores que causan esta enfermedad son la crítica, no saber convivir con los demás, no acoplarnos a quienes nos rodean; todo esto nos produce muchos desórdenes físicos. Lo que más nos daña es el resentimiento profundo en contra de algunas personas o condiciones, el juzgamiento y la envidia; éstos siempre se manifiestan en alguna reacción física desagradable.

Las personas que tienen problemas de la sangre y enfermedades de la piel, podrían sanar muy fácilmente si hacen un análisis personal con toda sinceridad. Por ejemplo, ¿cómo me siento con mi familia, o con mis compañeros de trabajo? ¿Permito que vivan como desean? ¿He dejado que actúen con libertad? ¿Los he amado incondicionalmente?

Recuerda que no podemos engañarnos, por lo tanto sé honesto al responder y si tienes que hacer cambios, no vaciles en hacerlos, el más beneficiado siempre serás tú. Di para ti:

"En mi mente no hay irritación ni resentimiento, tampoco frustración, ni sentimiento alguno de separación. El Amor Divino borra ahora de mi mente cualquier pensamiento negativo. Yo ahora actúo con libertad y sólo acepto la perfección en mí y en todos"

TRATANDO EL REUMATISMO

El reumatismo lo padecen las personas testarudas e incrédulas, que se sienten víctimas o faltas de amor. A ellas queremos decirles que en el espíritu no existe la esclavitud; por lo tanto, esfuércense por comprender y aceptar que el espíritu que las sostiene es el Espíritu Divino, que las libera en este momento de toda esclavitud —la cual es mental.

El Amor Perfecto deshecha de nuestras mentes todo dolor e incredulidad, y nos libera de las condiciones que nos causan problemas.

No debería haber impurezas en nuestros sistemas, si estamos gobernados por una Inteligencia Divina y por una Ley Mental, la cual obra en nosotros —a través de nuestros pensamientos— con perfección matemática. Lo que tenemos que entender y aceptar es que nuestros sistemas que funcionan en el cuerpo, que son espirituales y que todo está construido para que funcione a la perfección. Por esta razón los músculos, nervios, tendones y coyunturas no necesitan almacenar desperdicios —pensamientos negativos— que nos causen dolor físico.

Los que trabajamos en esta área del pensamiento espiritual positivo, no debemos tener miedo de atacar mentalmente cualquier condición física, con la plena seguridad de saber que tratamos con el único Poder creativo del universo. Este Poder actúa para bien o para mal, dependiendo de nuestro pensamiento; por lo tanto, con facilidad vuelve a crear la salud en el cuerpo.

La afirmación que debe decirse es la siguiente:

"Todos mis sistemas son espirituales, por lo tanto, mi ser físico se renueva con nueva vida y vitalidad, manteniéndose perfecto. Él se limpia y purifica por el Poder de la Palabra de Dios dentro de mí, la cual obra a través de mí ahora".

La sola aceptación consciente de que nos purifica el espíritu que está en nuestro interior, es suficiente para que desde ese preciso momento principie la curación. No debe importarnos si alguien nos critica por esta creencia, si les decimos lo que estamos haciendo; por eso es muy conveniente que no le contemos a nadie hasta que veamos los resultados, y nos sintamos seguros de la realización.

TRATANDO LA PARÁLISIS

Detrás de los pensamientos conscientes de las personas que sufren parálisis, están los pensamientos de esclavitud y resistencia a las condiciones que están viviendo. Los pensamientos paralizantes o de inactividad en sus vidas causan la parálisis de sus cuerpos.

Esta idea se contrarresta con una nueva idea, que la Vida no se paraliza en ninguna parte ni está inactiva, pues la Vida siempre está presente y activa en toda Su plenitud. En consecuencia, cuando hay paralización de vida, la persona debe reconocer e incorporar la presencia de Vida y acción. El Espíritu, que es Vida, nunca está inactivo, siempre actúa correctamente y en Su acción, y por nuestra parte no hay nada qué agregar o disminuir.

Lo que está detrás de la paralización son sólo nuestras ideas de restricción, paralización o temor, al desear escapar de algo que nos atemoriza. Muchas veces tratamos con personas de naturaleza muy emocional y en ocasiones, aunque no muy a menudo, se niegan a sanar con testarudez y resistencia.

En algunos casos, la persona cree que al permanecer enferma, llamará la atención del esposo o la esposa, o bien de sus seres queridos. A estos seres se les enseña que en la Mente existe libertad absoluta; y que en esa libertad que el Creador nos dio, nada nos ata ni mantiene paralizados. Afirma: *"La acción de la Vida de Dios está en mí, está tomando lugar en mi cuerpo físico y yo soy libre ahora"* De esta forma, la paralización se alejará de nuestro cuerpo.

Para reafirmar más nuestra libertad cuando algo nos ata o impide la movilización del cuerpo, digamos para nosotros mismos con entusiasmo y fe: *"La Vida de Dios activa cada átomo, célula, molécula, nervio, tendón y órganos de mi ser físico; la acción correcta de esta Vida está manifestándose en mi cuerpo físico ahora. Nada puede paralizar la Vida de Dios en mí".*

TRATANDO LA COLITIS

La sensación de carga y derrota, padres demasiado estrictos y una gran necesidad de sentirnos amados, son situaciones que originan el padecimiento de esta enfermedad en nuestro cuerpo.

Hay padres que exigen demasiado a sus hijos, muchas veces porque no pudieron realizarse y quieren verse realizados en ellos, por eso se muestran tan exigentes. No se dan cuenta que con esa actitud están causándoles un gran mal, pues ella les produce colitis.

No sólo los padres ocasionan estos trastornos a la familia, también hay maestros o patrones que tratan a los alumnos o empleados con demasiada exigencia. Tal vez su intención no es originarles ningún mal, pero al tomar esta actitud con ellos, de manera inconsciente hacen que así suceda.

Pongámonos en el lugar de la persona si queremos comprender lo que estamos exigiendo. Por ejemplo, ¿te gustaría que te pidieran más de tu capacidad de comprensión? ¿Quisieras que te pidieran o demandaran las cosas con más amabilidad y comprensión? A todos nos agrada que nos traten bien, con amor, amabilidad, respeto y comprensión.

Se nos ha dicho que no hagamos a otro lo que no queramos para nosotros; es la regla de oro. De igual manera, no podemos dar lo que no tenemos. Analiza estas declaraciones y antes de exigir algo, piensa antes de hablar, no reacciones más.

Si padeces esta enfermedad o deseas ayudar a alguien para que sane, afirmar lo siguiente:

"Yo sé que estoy dando lo mejor de mí a la vida. Yo me apruebo a mí mismo, y al hacerlo, genero alegría y libertad a mi vida".

<u>TRATANDO EL INSOMNIO</u>

El insomnio se presenta en el ser humano por una condición mental alterada, consciente o inconscientemente. Otras veces, surge después de una gran impresión, pena, ansiedad o temor; otras más es también la incapacidad para librarse de las preocupaciones y problemas del día.

Cuado tratamos el insomnio, nos damos cuenta que es muy fáciles deshacerse de él y lograr un sueño tranquilo y reparador, si antes de dormir depositamos nuestra confianza y seguridad en nuestro Dios interno y nos acostamos muy seguros, relajados y en paz.

Al hacerlo en esta forma, el descanso y la renovación del cuerpo llegan sin ninguna interferencia de nuestra parte. Preocuparnos no nos ayuda, ni contribuimos con los que nos rodean. En lugar de preocuparnos debemos confiar en Dios, en Ese Poder, que lo sabe todo, que lo sana todo; el Poder que trasciende todo entendimiento. Él nos guiará hacia cualquier forma para solucionar nuestro "problema" o situación, la cual humanamente no podemos arreglar. Si afirmamos: **"*Gracias Dios por darme la sabiduría o idea perfecta para solucionar esta situación, si es que está en mí hacerlo. De lo contrario la dejo en Tus manos para que Tú a tu manera y tiempo lo hagas*".**

Una vez hecha tu parte, deja la preocupación fuera de la mente, continúa con otra actividad, y así encontrarás la solución o la resolverá el Poder en el que confiaste. La siguiente oración es muy efectiva, para que duermas tranquilo.

Antes de irte a la cama, di lo siguiente para ti varias veces hasta que te llegue el sueño:

"La noche es llenada con la Paz Celestial. Todo descansa en completa calma y paz. Yo envuelvo a mí ser con el manto del Amor y caigo dormido, lleno de esta paz. Nada interfiere en mi sueño porque la Paz Divina está conmigo, y yo ahora descanso y reposo en un sueño profundo y en completa paz".

TRATANDO LA VEJIGA

Para tratar problemas de la vejiga, primero se calma el pensamiento. Debes eliminar las irritaciones internas, agitaciones, o miedos que haya en la mente, causas que generan problemas en la vejiga.

Es bueno trabajar la mente con la idea centrada en la pureza y fuerza, con pensamientos de perfecta eliminación y libres de toda condenación. Recuerda que los pensamientos son cosas, y por consiguiente diferentes pensamientos producen diferentes cosas.

Para sanarnos de este problema afirma de la siguiente manera:

"Dentro de mí mente no hay irritación, ni agitación, tampoco inflamación, porque yo soy espíritu puro antes que materia. Hay orden perfecto en cada órgano y función de mi cuerpo físico ahora".

TRATANDO AL HÍGADO

El hígado es el gran laboratorio del cuerpo humano. Extrae ciertos materiales de la sangre y los convierte en sustancias nuevas, que el cuerpo usa para reconstruir y las elimina cuando ya no son necesarias, funcionando al mismo tiempo con otros órganos digestivos.

El hígado es un factor importante para mantener el equilibrio ordenado del cuerpo. Para mejorar la salud del hígado, es importante que borres las experiencias desagradables de la memoria, pensamientos de rechazo, miedo, ira, odio y toda tensión de la mente, ya que son altamente dañinos para este órgano vital.

Así como el hígado convierte ciertas sustancias en material para reconstruir el cuerpo, cuando la mente está llena del conocimiento de la verdad, puede cambiar los pensamientos discordantes en ideas sanadoras, purificadoras, para restaurar la salud.

Afirmación: *"Yo agradezco al Poder Perfecto que está dentro de mí, por borrar de mi memoria toda experiencia desagradable, todo pensamiento de rechazo, miedo y coraje. Yo ahora vivo en paz y armonía, rodeado de amor"*

TRATANDO AL ESTÓMAGO

El estómago es el órgano más sensible del cuerpo y cualquier desequilibrio mental lo trastorna con más facilidad. El estómago es el centro mental y físico de la sustancia. Recibe la comida, la digiere y la envía para que nutra las diferentes partes del cuerpo. Esta sustancia o centro mental del cuerpo es afectado por las ideas que se guardan en la mente subconsciente.

Por lo general, el estómago de las personas que tienen el mal hábito de condenar la comida, reacciona dándoles una mala digestión. En ocasiones, un conflicto constante de naturaleza emocional entre los miembros de la familia, provoca trastornos estomacales.

La causa de estos padecimientos es de origen emocional, se relaciona con sentimientos heridos y de irritabilidad, que se manifiestan en hemorragia o úlcera estomacal. De igual forma, sentir un profundo desaliento y desilusión se manifiesta en una condición desordenada del estómago y los intestinos.

Lo que necesitamos saber es que la excesiva sensibilidad en nosotros a veces no es otra cosa que el egoísmo, de lo cual quizás no estamos conscientes. El mejor remedio para los desórdenes del estomago es el amor y el gozo.

Di para ti mismo:

"El pensar positivamente y con amor, me hace inmune a sugestiones y experiencias negativas. La Vida de Dios en mí está revitalizando cada uno de mis órganos y tejidos.

Ahora mismo tengo salud perfecta porque el Espíritu de Vida fluye a través de mí y mi estómago, así como todo mi cuerpo responde perfectamente a Su actividad restauradora. Gracias Dios".

TRATANDO LA DIABETES

La causa de la diabetes es de origen mental. El páncreas, localizado en la región del plexo solar, como se muestra en la lámina, está ligado a la movilización de las energías mental y física. Su propósito son las secreciones, que son vitales para el proceso de la digestión y para el metabolismo del azúcar, la cual es requerido por las células, el ejercicio de los músculos y nervios.

La diabetes es el resultado del mal funcionamiento del páncreas, que puede afectarse al recibir una mala noticia, a la que la persona no supo darle una salida y sufre un shock. También puede ser que la persona experimente una gran tristeza; asimismo el juzgamiento severo o condenación permanente son la causa de este mal.

Puedes sanarte fácilmente dejando ir todo sentido de condenación de ti mismo o de otros; sé siempre consciente de la presencia Divina que mora en ti y en los demás —esta Presencia no siente las cosas que contradicen su naturaleza, que es amor, bondad y perfección. Dile con mucha sinceridad a tu ser:

"Yo hoy decido no condenarme más, ni condenar a otros. Nunca más me quejaré acerca de mi salud, por el contrario agradezco a Dios por mi salud perfecta. Yo acepto esta verdad".

CURANDO LAS MANOS Y LOS BRAZOS

Las manos y los brazos representan la capacidad del hombre para sostener las ideas de la verdad. También nos ayudan a transmitir la fuerza del amor y la Energía curativa.

Las manos son instrumentos que reactivan en ti y en otros la Energía Curativa Universal. Son instrumentos del Eterno Dador que contribuyen para proveernos y proveer a otros de cualquier necesidad.

Las manos son sanadoras. Nosotros como estudiantes de la Ciencia Mental, sabemos que no es necesario tocar al enfermo para que sane, pero en ocasiones la persona necesita ese "toque" de amor. A través de nuestras manos, "siente" que recibe lo que tanto anhela, la salud, y que este sentir hace que su fe libere al poder curativo que existe dentro ella, el cual produce la curación.

A través dela historia, la gente ha aceptado la capacidad natural de las manos para sanar. Cuando vemos a una persona que sufre algún dolor, frotamos las manos y las percibimos como centros de Energía y Vida, que cuando acarician o tocan a la persona, ésta siente que la Energía Curativa penetra en ella. Nosotros sabemos que en ese momento el Amor Divino que está en ella, igual que mora en nosotros, fluye a través de nuestras manos sanándola por completo.

Algún día todos entenderemos que no es necesario tocar al enfermo para que sane —porque como ser espiritual ya es perfecto ,y porque el mejor doctor está dentro de cada uno de nosotros. Pero mientras llega ese día, tenemos que continuar haciendo nuestra parte para que las personas que permanecen en esa creencia de las manos que sanan, reciban la curación. Pero como ya dijimos, no son nuestras manos sino su fe la que abre el camino para su curación.

El Dr. Ernest Holmes, fundador de la Ciencia de la Mente con sede en Los Ángeles, California, Estados Unidos, dice a este respecto: *"Si actualmente experimentas un terrible dolor de cabeza, y a pesar de haber hecho tu oración, afirmación o tratamiento, continúa; no sufras más, tómate la aspirina o el taylenol que te quitan el dolor y sigue trabajando en aceptación hasta que lo logres".*

Esto quiere decir que aún no comprendes que en realidad eres un ser espiritual, y que tu espíritu no requiere medicamentos para sanar porque es perfecto. Si aceptamos que somos Hijos de Dios, creados a Su imagen y semejanza, entenderás que el Creador no nos hizo propensos a la enfermedad, ya que Él no crea cosas que contradicen Su naturaleza, que es perfección, bondad y armonía.

Nosotros, con la libertad que se nos ha dado —el libre albedrío— no la usamos bien y en nuestra ignorancia, en vez de aceptar la salud, pensamos negativamente, en la enfermedad y el temor a enfermarnos; de manera inconsciente la aceptamos y se manifiesta en nuestro cuerpo.

A continuación, vamos a compartir contigo estos ejercicios con las manos que en un momento nos sirvieron de ayuda y curación.

Las primeras tres figuras son de vital importancia para la autoayuda y lograr la curación, porque siempre tienes que hacerlos antes de llevar las manos a los otros centros de energía que aparecen en las siguientes figuras.

FIGURAS
POSICIÓN DE LAS MANOS
POSICIÓN DE FRENTE

Fig. # 1. Colocamos nuestras manos juntas en posición de oración frente a nuestra cara.

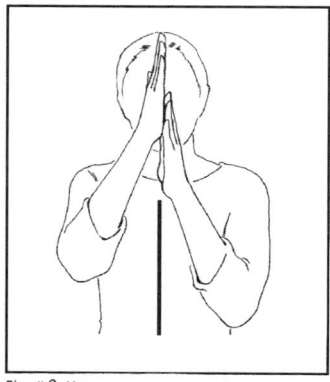

Fig. # 2. Hacemos un movimiento con la mano izquierda hacia abajo, luego la derecha hacia arriba frotando una con otra varias veces y luego afirmamos: *"Estas Son las manos de Dios"*.

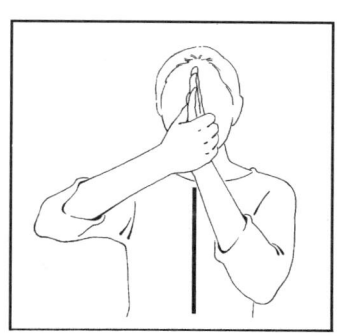

Fig. # 3. Pasamos nuestra mano derecha por encima de la mano izquierda una sola vez.

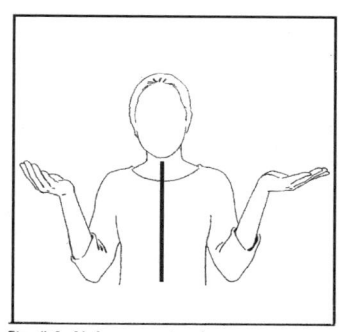

Fig. # 4. Abrimos nuestros brazos y ponemos las palmas de nuestras manos hacia arriba en señal de recibir diciendo: *"A través de ellas yo ahora recibo la salud"*. Enseguida las colocamos en la parte donde estemos sintiendo dolor o malestar. Repetir esta sesión varias veces.

POSICIÓN DE CABEZA Y CUELLO

Fig. # 5. Colocamos nuestras manos sobre los ojos con los dedos cordiales en el centro de la frente donde está localizado el tercer ojo o centro de energía. En esta posición la energía interna energiza nuestra visión externa.

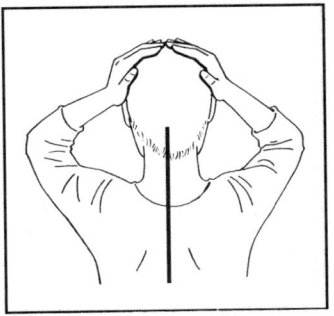

Fig. # 6. Ponemos nuestras manos sobre los lados de nuestra cabeza con los dedos cordiales en el centro de la coronilla. Esto nos ayuda a crear un balance perfecto en todo nuestro cuerpo.

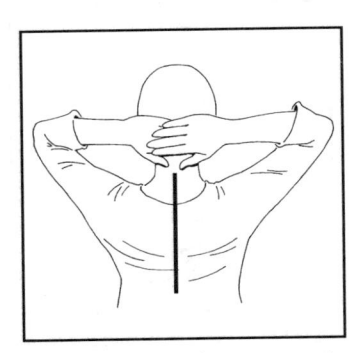

Fig. # 7. Esta posición sobre nuestra nuca, la mano derecha sobre la izquierda nos ayuda a relajarnos, y cuando hay dolor de cabeza lo va aminorando hasta aliviarlo.

Fig. # 8. Las manos cubriendo nuestra garganta, sobre el centro de nuestra expresión, nos hace sentir bien y ayuda a desinflamar la garganta cuando hay un ligero malestar.

POSICIÓN DE FRENTE Y TORSO

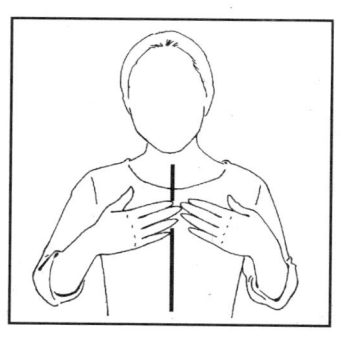

Fig. # 9. Las manos en esta posición o sea en el centro de energía de nuestro ser que es el corazón, nos ayuda a sentirnos mejor porque activa al amor interno que todo lo sana.

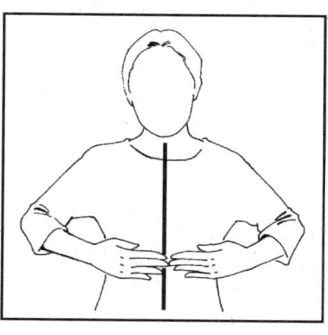

Fig. # 10. Las manos unidas en el plexo solar nos ayuda cuando hay desanimo y cansancio. Así activamos nuestra fortaleza interna, el centro de nuestro poder.

Fig. # 11. Las manos en la cintura es señal de confianza. Esto nos mantiene seguros de nosotros mismos. Este centro de energía estimula nuestra autoestima y simboliza comprensión.

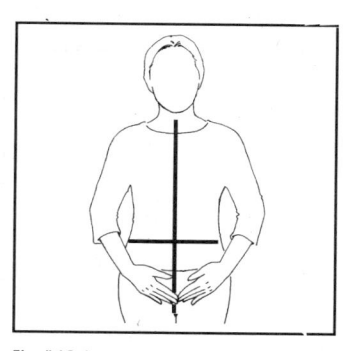

Fig. # 12. Las manos en esta posición con los dedos cordiales apuntando hacia abajo del abdomen activan nuestro entusiasmo y gozo sexual.

Tú puedes sanar a través de la mente   **83**

POSICIÓN DE ESPALDA

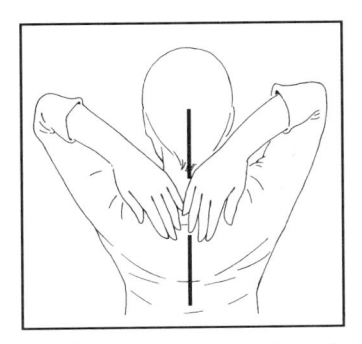

Fig. # 13. Las manos en esta posicón en la parte alta de la espalda ayudan a nuestro sistema nervioso cuando hay molestias de columna. Estimula nuestras vértebras y sistemas.

Fig. # 14. La mano izquierda sobre la parte alta de la espalda y la derecha al frente sobre nuestro corazón, ayuda a aumentar energía a nuestro corazón cuando nos agitamos con facilidad.

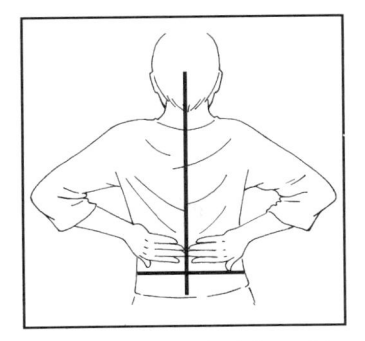

Fig. # 15. Las manos con los dedos cordiales unidos en la cintura ayudan a las Personas con problemas de columna pues activan la energía para que fluya sobre toda la columna vertebral.

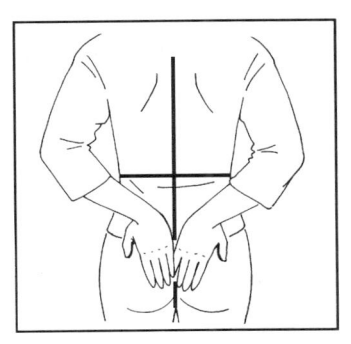

Fig. # 16. Esta posición de manos apuntando hacia el cóccix, activan el centro de energía sexual. Simboliza reconocer nuestra inocencia.

TRATANDO PIERNAS Y PIES

Las piernas y los pies representan la habilidad del hombre para caminar seguro por la vida; el temor al futuro, la incertidumbre de lo que va a pasar con nosotros cuando lleguemos a la tercera edad, provoca problemas en piernas y pies. El miedo a seguir avanzando empieza a paralizarnos, y así empezamos a sufrir molestias en las piernas y pies.

Sabemos que la energía que nos sostiene es una actividad continua que cesa de fluir, a menos que interfiramos en ella; lamentablemente nosotros hacemos que eso suceda, por las falsas creencias acerca de la edad y el lógico deterioro del cuerpo.

Si no ignoráramos que la energía conforma nuestro cuerpo, ella siempre fluiría, manteniendo al cuerpo lleno de energía y vitalidad; así, las piernas y pies se fortalecerían. El espíritu que nos sostiene es el mismo desde que nacimos. No está sujeto al tiempo, como nosotros humanamente nos programamos para depender de él.

Suponiendo que no existieran los relojes o los calendarios que miden el tiempo, ¿qué edad tendrías? Eres tan viejo como crees o te falta tanta energía como sientes. Pero tu creencia originó esto; lo creas o no, lo aceptes o no, ésta es la verdad.

Para contribuir con nuestras piernas y pies, debemos empezar a afirmar de la siguiente manera:

"Yo camino feliz y seguro de la mano de Dios; Él siempre va delante de mí y Su Fuerza de Vida es mi seguridad"

"Yo soy joven, fuerte y saludable. La Energía de Dios es mi energía; la Fortaleza de Dios es mi fuerza"

TRATANDO PROBLEMAS DE OBESIDAD, ANOREXIA Y BULIMIA

La comida debe considerarse una idea espiritual. En realidad, es el concepto de una sustancia que nos nutre. Desde el momento que la comida que tomamos va a nuestro sistema y es fundamentalmente uno con el cuerpo que la recibe, no hay razón para pensar que nos hace daño lo que comemos.

El único tratamiento que necesitamos es pensar bien en los alimentos que ingerimos. Una persona con una mente equilibrada, come normal. Si te excedes en el comer, es porque tu mentalidad está llena de anhelos que no ha realizado, y de esta forma trata de sublimarlos.

La comida simboliza el amor de la sustancia divina, y debemos ingerirla con agradecimiento. Es un gran error creer que ayunar o abstenernos de comer nos mantiene sanos. Lo que nos mantiene siempre saludables es una mente libre de prejuicios sobre los alimentos.

Aprende a pensar de manera positiva, ahora que ya te proporcionamos algunas ideas respecto a los alimentos. Tu peso y tu figura están relacionados con la actividad creativa de tu mente.

Nosotros estamos convencidos de que todo es conciencia. Ésta es la naturaleza del Poder creativo que está dentro de la mente. Dado que ella es expresión y actividad de la Mente Única, resulta lógico deducir que también tu mente es creativa.

Las ideas se convierten en experiencias. La actividad de la mente es un proceso constructivo. Siempre está construyendo cosas, creando y organizando con un propósito determinado, según lo que pienses. Por ejemplo, si piensas que beber agua te engorda, así será. Sin embargo, si cambias esa idea y aceptas que el agua que tomas es vida, hará que experimentes más vida.

Nuestro propósito es que inicies una dieta mental o sea, que empieces a pensar de manera constructiva; que crees cosas buenas en tu cuerpo y en tu vida; que disfrutes comer libremente, sin limitantes ni temores. Puedes principiar ahora, no tienes que esperar a que algo grandioso ocurra o se presente una crisis. Empieza con estas sencillas afirmaciones, pero desecha de tu mente los temores acerca de que puedas aumentar de peso.

"Mi cuerpo es perfecto ahora; gracias Dios"; "la comida que como me agrada y ella nutre mi cuerpo"; "yo ahora tengo el peso perfecto para mi cuerpo; no como ni de más ni de menos. Mantengo mis emociones estables, no como compulsivamente. Mi cuerpo es hermoso y bello ahora. Gracias Dios".

ANOREXIA Y BULIMIA

La persona anoréxica se caracteriza por la pérdida de peso y la escualidez que se produce en su cuerpo cuando deja de comer. Sin embargo, también se ha identificado como una enfermedad psicológica. La anorexia se produce por varios factores, pues hay varias enfermedades orgánicas que provocan la pérdida del apetito, y en consecuencia la pérdida de peso.

Algunos médicos indican que la anorexia es un "trastorno psiquiátrico", que no tiene causa orgánica, metabólica o genética. Hace algunos años, la definición más usada para identificar la anorexia que la Asociación Americana de Psiquiátrica publicó en 1987 en "Criterios para el diagnóstico de la anorexia nerviosa", era:

1. -Negativa a mantener el peso corporal por encima de un peso normal mínimo según la edad y la altura. Por ejemplo, la pérdida de peso que lleve a la persona a pesar 15% por debajo de lo esperado; o en un periodo de crecimiento que lleve a un cuerpo corporal al 15% debajo de lo esperado.

2. -Temor exagerado a aumentar de peso o a engordar, aunque se esté Delgado.

3. -Trastorno de la imagen corporal; ejemplo, la persona afirma que "está gorda" aunque esté consumida, o cree que una parte de su cuerpo es "demasiado gordo", aunque sea evidente que tiene un peso normal.

¿Cómo saber si eres una persona anoréxica? Las siguientes descripciones contestan esta pregunta: caída del cabello; vello fino que crece en todo el cuerpo, incluso en la cara; presión baja; sensación de frío; mala circulación; piel reseca; uñas quebradizas; insomnio; ejercicio físico excesivo dirigido a perder peso; obsesivo interés por la comida y las calorías; soledad; aislamiento social; conducta retraída; pérdida de la capacidad de concentración en cualquier otra cosa; baja autoestima; no te apruebas a ti mismo.

Criterio para el diagnóstico de la bulimia nerviosa.

1. -Comer con abundancia continuamente.

2.-Completo descontrol de la conducta al consumir los alimentos.

3. -Después de comer provocarse el vómito, tomar laxantes, ponerse a dietas estrictas, y hacer demasiado ejercicio para no engordar.

4. -Continua preocupación por la figura y el peso.

Hay otros muchos síntomas que presentan las personas que padecen bulimia nerviosa, como el deterioro del esmalte de los dientes; constantes vómitos; trastornos digestivos; irritación de boca y garganta; falta de minerales en su cuerpo; soledad; aislamiento social; baja autoestima; no se acepta a sí misma, vergüenza y por sí misma.

El comienzo de la anorexia nerviosa tiene lugar entre los 10 y los 30 años aproximadamente; cada vez, el inicio es más precoz. La anorexia es una moda peligrosa y como muchos sabemos, la búsqueda de la perfección física llevó a la muerte a la cantante de los años 70's Karen Carpenter. Los médicos dictaminaron anorexia.

Un biógrafo de esta popular intérprete señala que "la madre tuvo los primeros indicios de que algo andaba mal cuando la niña, hasta entonces obediente, se tornó rebelde, despectiva, terca y mandona". Nada de lo que los padres le decían hacía que comiera más. Cuatro meses después de observar por primera vez la falta de apetito de su hija, el peso de ésta había bajado de 50 a 36 kilos.

La anorexia es una enfermedad, un trastorno de la conducta alimenticia, que se da principalmente en las modelos, artistas y mujeres de sociedad que cuidan su imagen, que no saben diferenciar entre sana por fuera y enferma por dentro.

La mayoría de los medios masivos de comunicación envían un mensaje particular: Delgadez es igual a belleza, fama y éxito. Esta enfermedad está asociada con un exceso de estresante trabajo. Rendimiento académico por encima de lo normal y miedo irreal al fracaso, son las características que mencionan las personas que padecen esta enfermedad.

Varias personas que no podían subir de peso y a la vez no tenían apetito, probaron la siguiente oración que compartimos contigo.

Di para ti mismo: *"Yo (<u>menciona tu nombre completo</u>) reconozco que sólo hay un Poder en el universo, y ese Poder y yo somos uno. En esta consciencia de mi unidad con Dios, yo ahora le doy esta orden a mi subconsciente* *(que es el poder de Dios en mí) que borre ahora mismo cualquier pensamiento que esté impidiendo que mi apetito sea abundante. Cualquier creencia errónea que impida que disfrute de los alimentos que Dios pone en mi mesa, cualquier patrón negativo del pasado que estuviera interfiriendo en mi vida y que impida mi felicidad presente. Asimismo todo lo que contradiga para que yo disfrute plenamente de la vida que Dios me ha dado, sea eliminado, borrado de mi memoria. Yo sólo acepto lo bello y lo bueno que Dios me ha dado. Yo sólo acepto lo bueno de Dios en mí y en todas las personas y cosas. Yo le doy gracias a este Poder de Dios que está dentro de mí porque sé que en este instante está borrando de mi subsconsciencia cualquier pensamiento o patrón negativo del pasado que estuviera impidiendo que disfrute plenamente de los alimentos que Dios pone en mi mesa. Yo doy gracias a Dios y al Poder Perfecto de Él que está dentro de mí, y a Su substancia divina, y a la ley de Dios, que está haciendo el trabajo dentro de mi subconsciente ahora. Así Es".*

NUESTROS PENSAMIENTOS CAUSAN LA ENFERMEDAD Y A LA VEZ CURACIÓN

No somos sólo un cuerpo físico con una mente, tenemos una mente que opera a través del cuerpo. La mayoría de las veces parece que nos engañamos creyendo y aceptando que somos lo que otros consideran que somos; pero en realidad somos mucho más que eso.

Consideremos lo siguiente para avalar lo que decimos. Cuando te levantas por la mañana y te ves en el espejo, ¿qué ves? Tal vez la figura que reflejó el espejo no te agradó mucho, pero eres tú, o lo que consideras que eres, una persona con ojos, oídos, nariz, cejas, pelo, boca, brazos, un cuerpo. ¿Eres tú realmente? Después te das una ducha, sales y te vistes. Inicias tus actividades del día como de costumbre, hablando con tu familia, amigos, compañeros de trabajo, etc. Lo que ellos vieron en ti fue a tu persona, lo que reconocieron fue lo que saben que eres, pero no reconocieron tu verdadero ser.

Y no lo hicieron porque con seguridad ni tú mismo reconoces tu verdadera identidad. Sabes que tienes un cuerpo que reacciona a ciertas emociones, que piensas de cierta manera; pero hay algo dentro de ti que es el tú *real*, el ser eterno que hace que tu cuerpo se mueva, que tengas sentimientos e ideas. Tal vez esto no lo sabías y nadie te lo había dicho, tampoco lo habías leído; no obstante, es verdad.

Se nos ha programado para reconocernos como seres humanos, físicos, hechos de materia, propensa a enfermarse, sufrir y sucumbir cuando llega la muerte. Desde luego que no eres eso. Tu sentido común y razonamiento lo niegan porque además tienes emociones y sentimientos; por ejemplo, sientes frío, calor, hambre, y a veces sientes amor, resentimiento, temores, angustia y alegría. Pero alguna te vez te has preguntado ¿qué hace que sientas todo eso? Desde luego que no es tu cuerpo, porque él sólo los experimenta o expresa.

Algunas personas creen que el cerebro es el motor que hace funcionar al cuerpo, y produce los pensamientos. Pero nosotros y la ciencia consideramos que el cerebro es un órgano más de nuestro cuerpo, y que en él residen las ideas, o es el medio a través del cual principian una acción que después se manifiesta objetivamente, por medio del proceso creativo que hay en nosotros.

La fisiología jamás ha encontrado un cerebro que piense por sí mismo. Ha comprobado que cuando el cuerpo muere, el cerebro también queda inerte. Este hecho demuestra con claridad que el cerebro no piensa.

Por supuesto que el cerebro es una máquina muy bien construida, una computadora con un potencial inimaginable, compuesta por miles de millones de nervios que están interrelacionados y trabajan con una precisión matemática y perfecta.

Aun con los avances que ha tenido la ingeniería electrónica, hasta ahora ningún científico ha creado una computadora que piense. Igual que ésta, el cerebro es una máquina, no puede escribir un poema o pintar un mural, tampoco suspirar de emoción al observar un hermoso amanecer.

Definitivamente hay detrás de todo esto un *pensador*, al que nosotros llamamos el Espíritu de Dios, que se ha individualizado como cada uno de nosotros, y que pensamos a través de la mente. Por medio del acto de pensar moldeamos nuestro cuerpo, lo mantenemos fuerte o frágil, saludable o enfermo.

Por lo antes dicho, nos damos cuenta de que lo que nos mueve es la conciencia, o sea nuestro pensamiento; y como ya explicamos, a través del pensamiento correcto construimos nuestra salud u originamos la enfermedad pensando negativamente. Te cuesta lo mismo pensar bien que pensar mal, mejor elige pensar bien.

A continuación incluimos unas láminas con figuras de los órganos, que sugerimos visualices en su forma perfecta cuando sufras alguna enfermedad. Por ejemplo, si estás padeciendo del corazón, afirma: *"Yo descanso en la Vida y el Amor de Dios ahora. Mi corazón, que es el símbolo del Amor Divino, está funcionando perfecta y maravillosamente. Nada puede obstruir el fluir de la vida espiritual que lo sostiene. Y así es".*

FIGURAS DE ÓRGANOS

CEREBRO Y CEREBELO

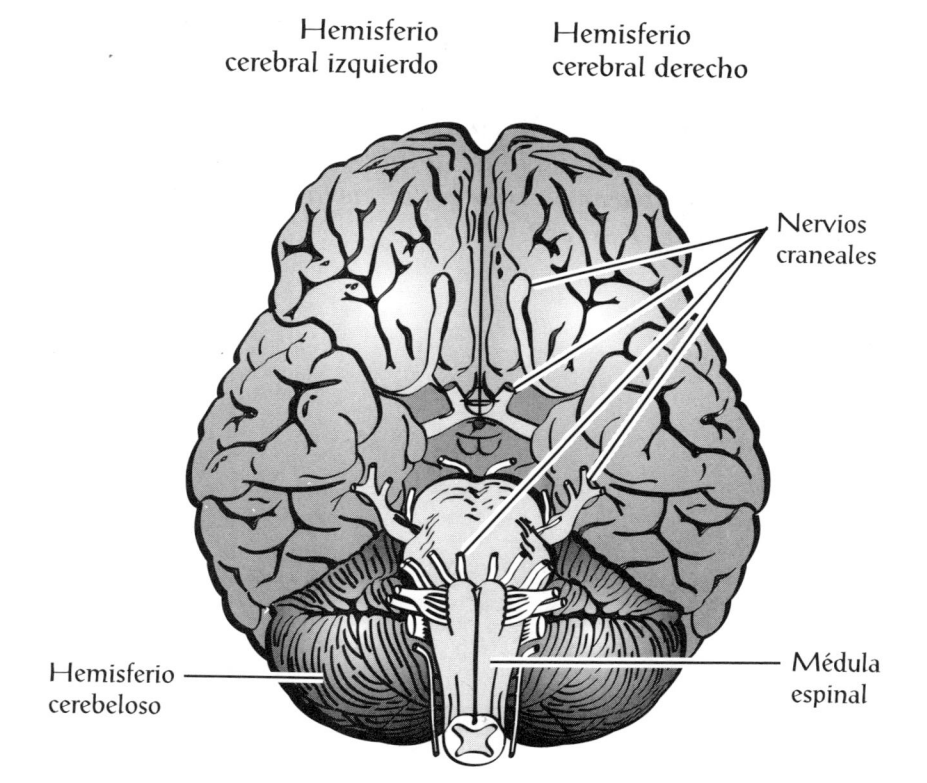

Hemisferio cerebral izquierdo

Hemisferio cerebral derecho

Nervios craneales

Hemisferio cerebeloso

Médula espinal

CARA INFERIOR

EL OÍDO

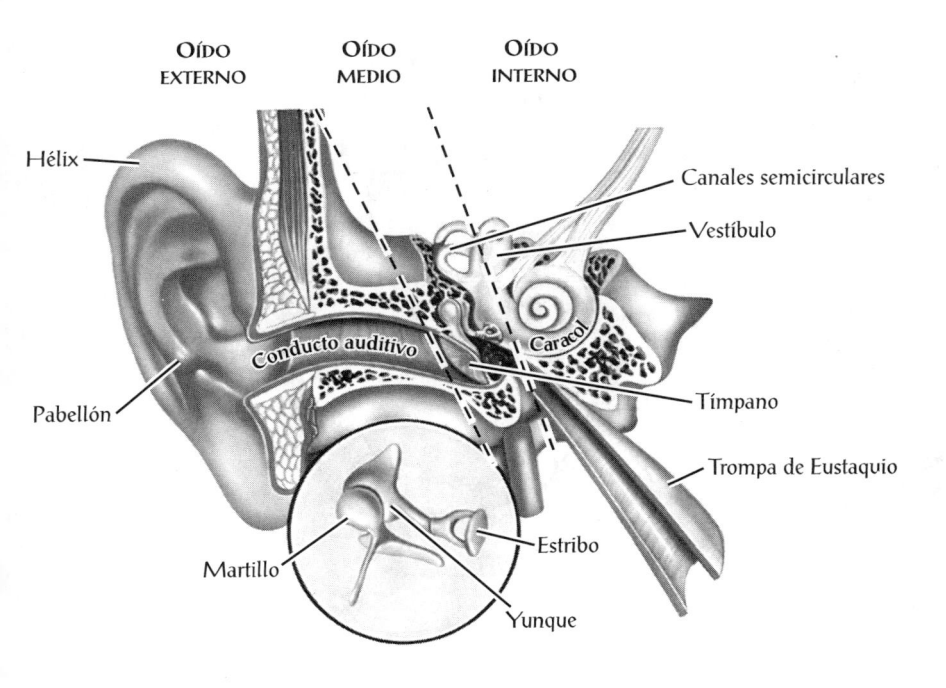

LA BOCA

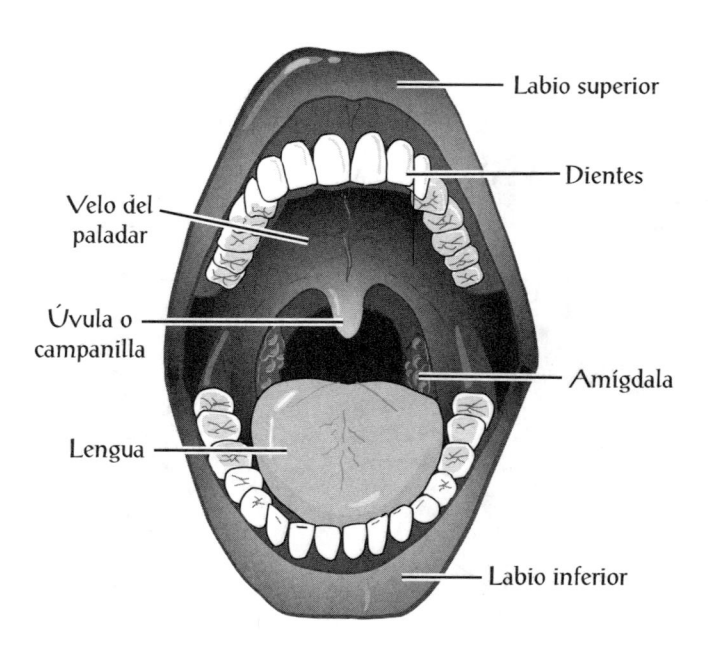

- Labio superior
- Dientes
- Velo del paladar
- Úvula o campanilla
- Amígdala
- Lengua
- Labio inferior

EL CORAZÓN

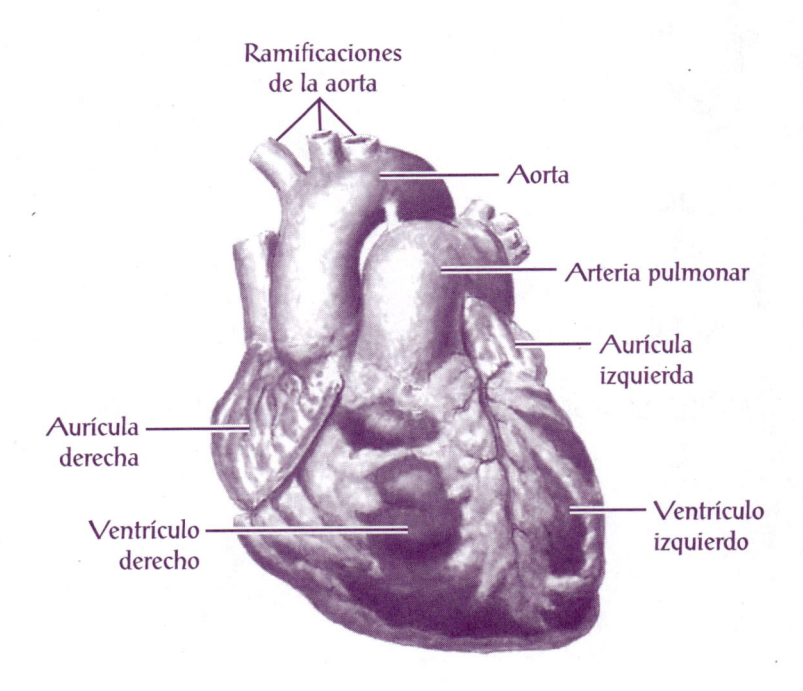

- Ramificaciones de la aorta
- Aorta
- Arteria pulmonar
- Aurícula izquierda
- Aurícula derecha
- Ventrículo derecho
- Ventrículo izquierdo

PULMONES Y COSTILLAS

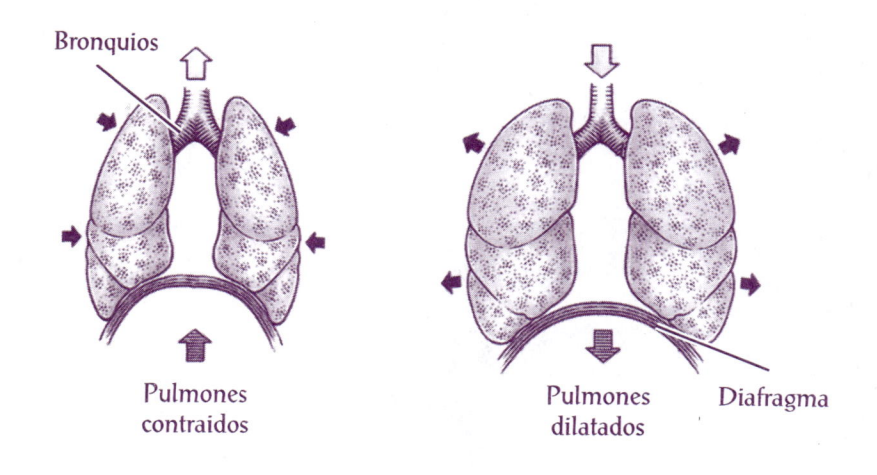

Bronquios

Pulmones contraidos

Pulmones dilatados

Diafragma

A- Espiración

B- Inspiración

Respiración Costal: Sus movimientos

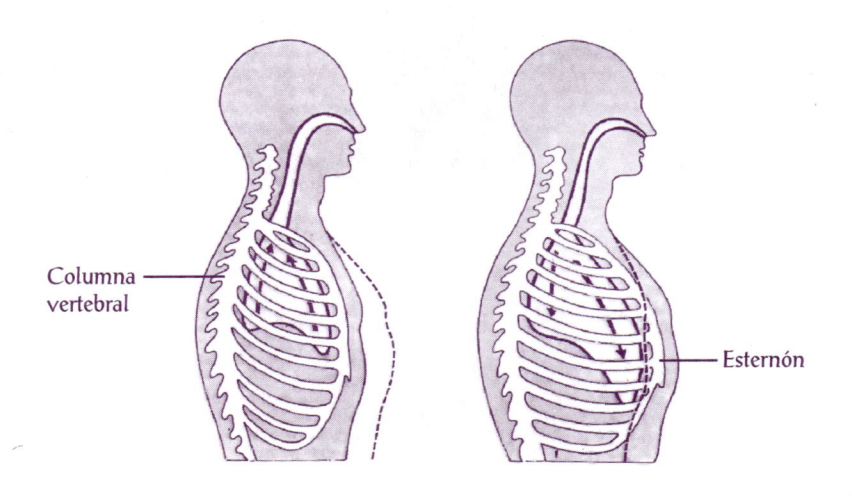

Columna vertebral

Esternón

APARATO RESPIRATORIO

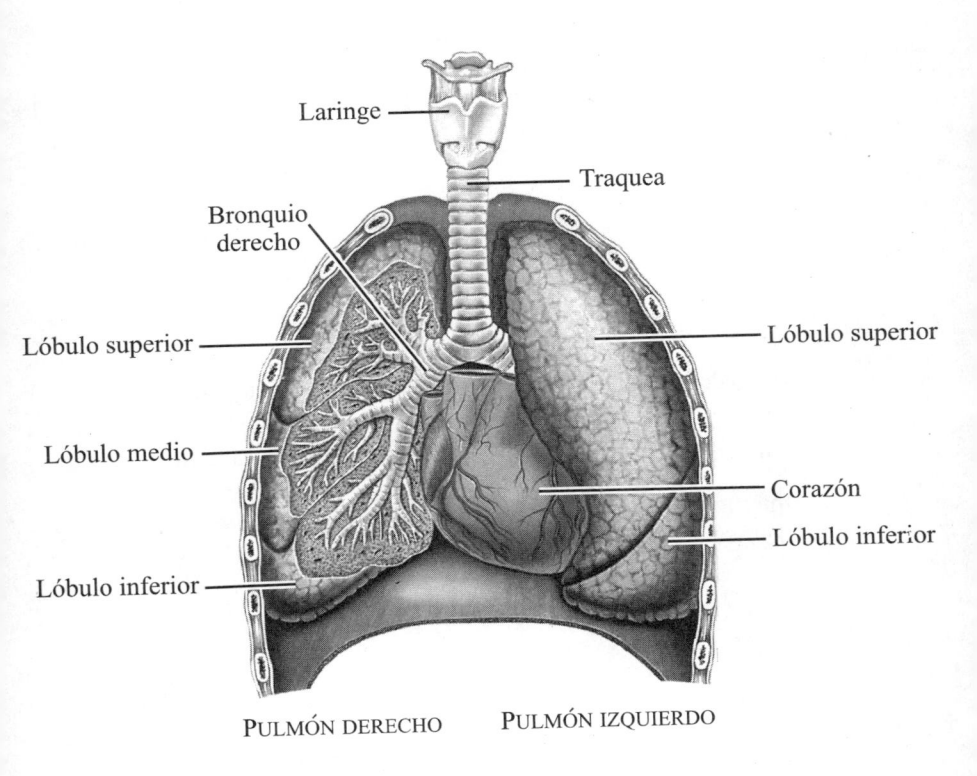

APARATO DIGESTIVO

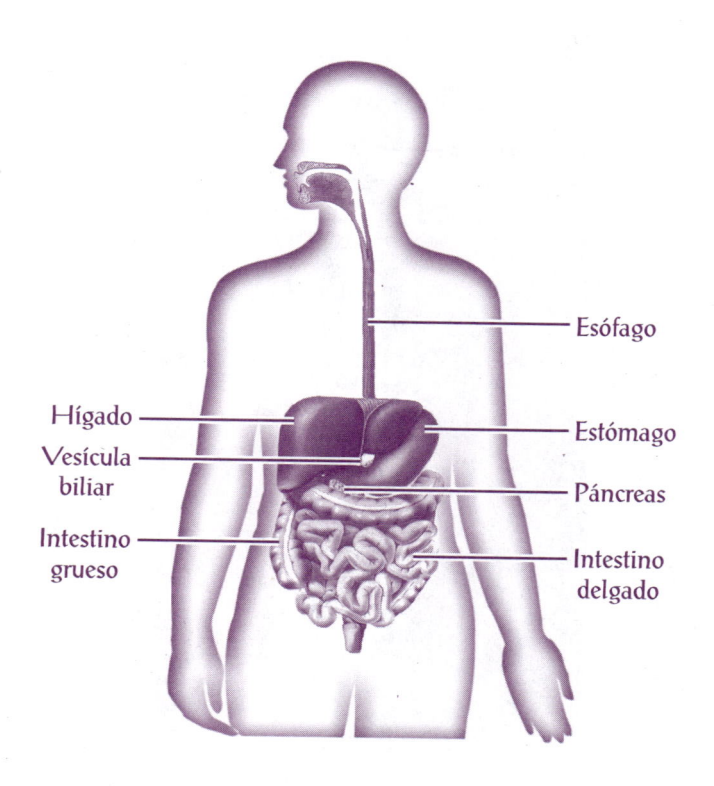

- Esófago
- Hígado
- Vesícula biliar
- Intestino grueso
- Estómago
- Páncreas
- Intestino delgado

APARATO CIRCULATORIO

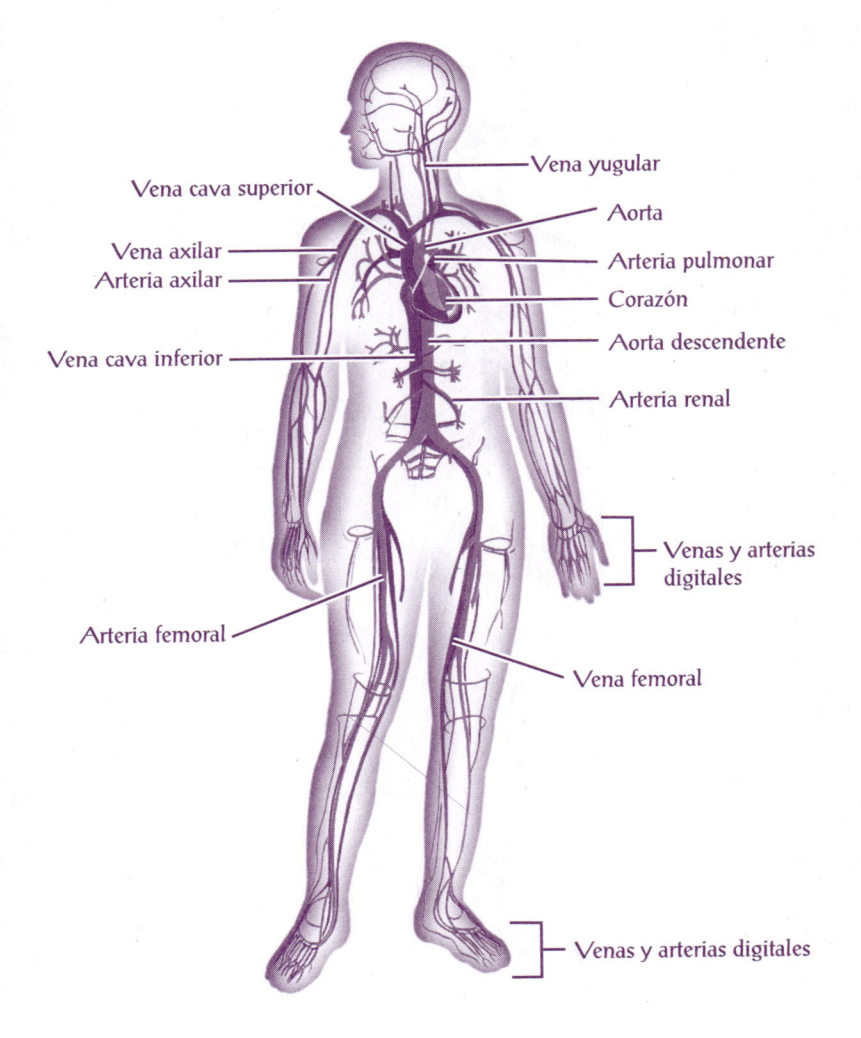

RED VENOSA Y ARTERIAL

SISTEMA NERVIOSO

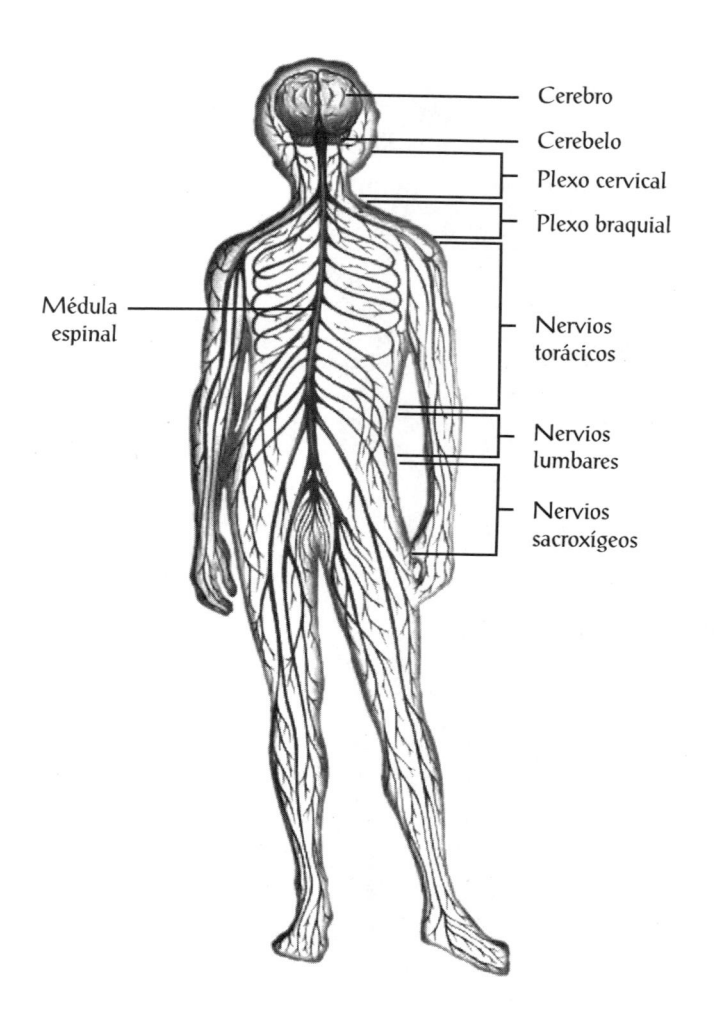

- Cerebro
- Cerebelo
- Plexo cervical
- Plexo braquial
- Médula espinal
- Nervios torácicos
- Nervios lumbares
- Nervios sacroxígeos

ESÓFAGO, ESTÓMAGO Y BAZO

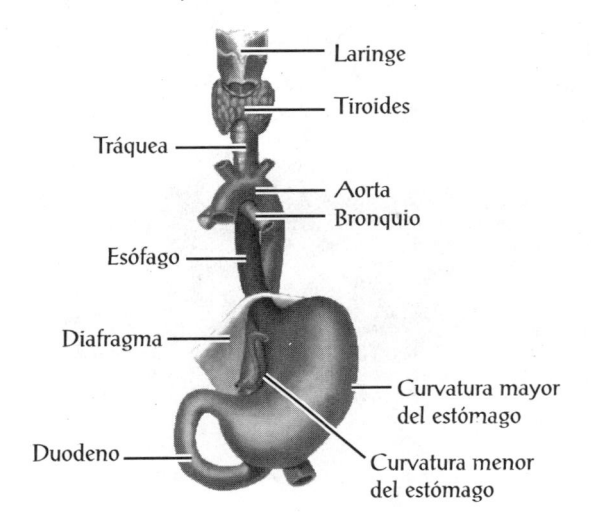

- Laringe
- Tiroides
- Tráquea
- Aorta
- Bronquio
- Esófago
- Diafragma
- Duodeno
- Curvatura mayor del estómago
- Curvatura menor del estómago

Esófago y estómago

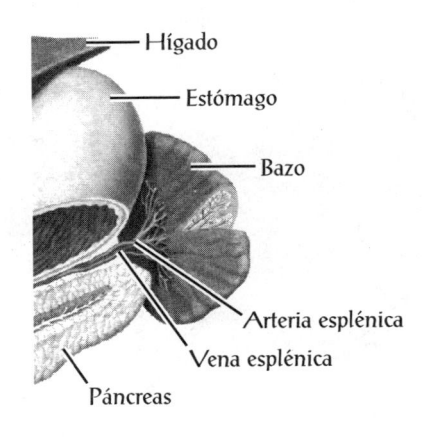

- Hígado
- Estómago
- Bazo
- Arteria esplénica
- Vena esplénica
- Páncreas

Bazo

HÍGADO, VESÍCULA BILIAR Y PANCREAS

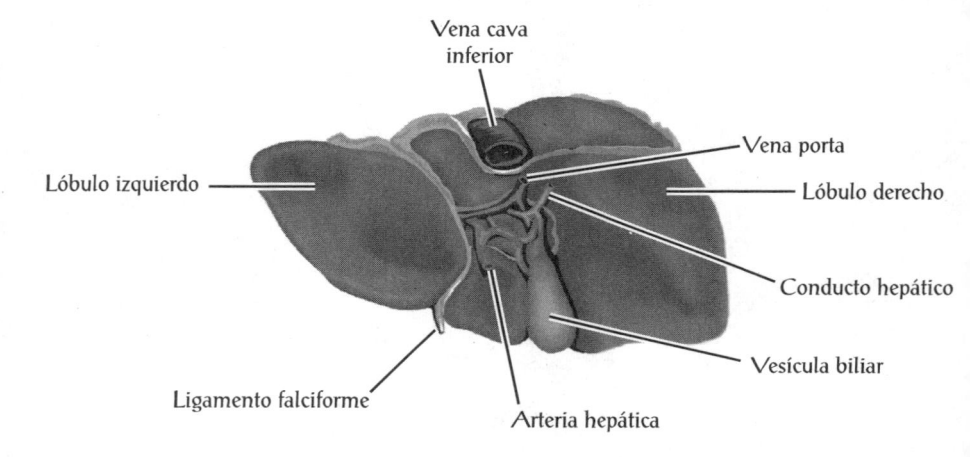

HÍGADO Y VESÍCULA BILIAR

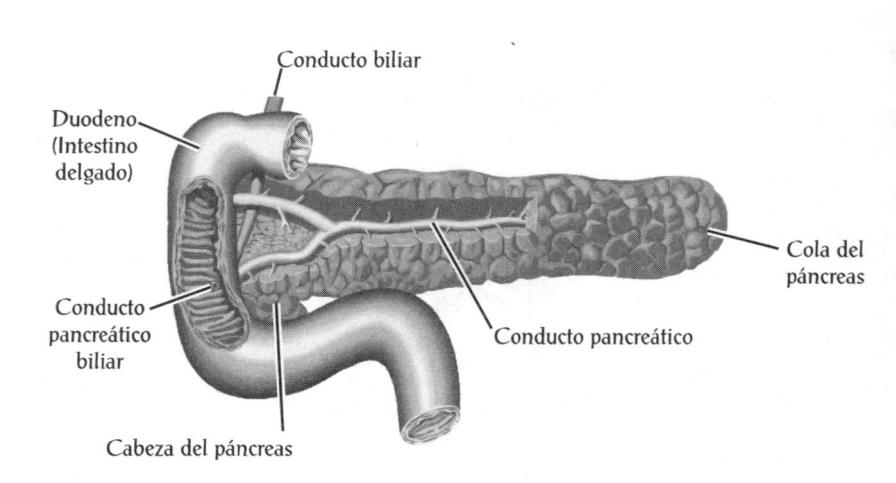

- Vena cava inferior
- Vena porta
- Lóbulo izquierdo
- Lóbulo derecho
- Conducto hepático
- Vesícula biliar
- Ligamento falciforme
- Arteria hepática

PÁNCREAS

- Conducto biliar
- Duodeno (Intestino delgado)
- Cola del páncreas
- Conducto pancreático biliar
- Conducto pancreático
- Cabeza del páncreas

COLUMNA VERTEBRAL

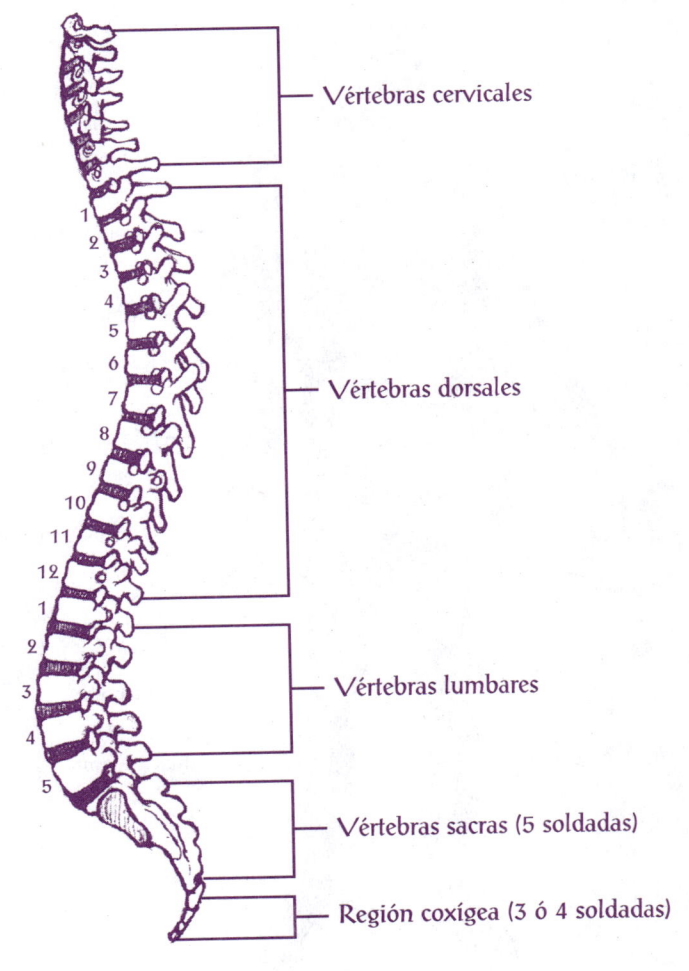

- Vértebras cervicales
- Vértebras dorsales
- Vértebras lumbares
- Vértebras sacras (5 soldadas)
- Región coxígea (3 ó 4 soldadas)

MÉDULA ESPINAL
CORTE LONGITUDINAL

SISTEMA MUSCULAR

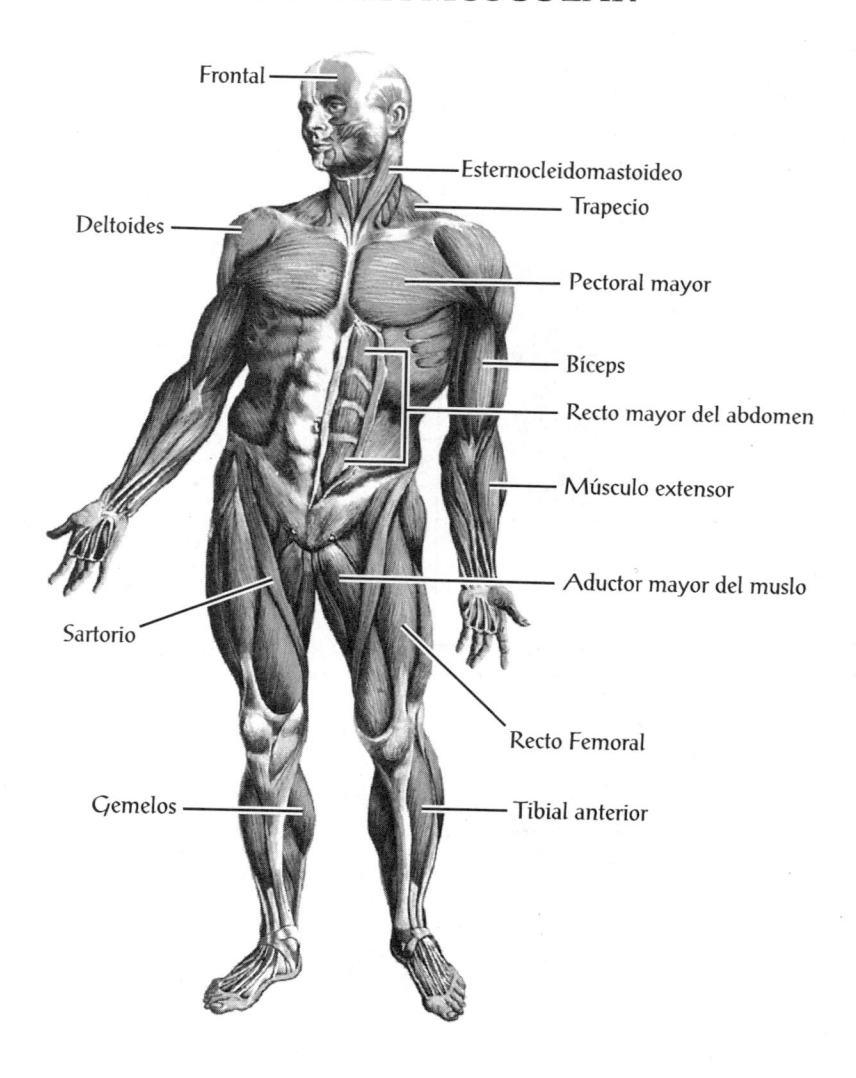

- Frontal
- Esternocleidomastoideo
- Trapecio
- Deltoides
- Pectoral mayor
- Bíceps
- Recto mayor del abdomen
- Músculo extensor
- Aductor mayor del muslo
- Sartorio
- Recto Femoral
- Gemelos
- Tibial anterior

CAPÍTULO V

CÓMO LOS PENSAMIENTOS E IMAGINACIÓN NOS SANAN Y MANTIENEN EQUILIBRADOS

Hay un poder maravilloso dentro de nosotros que nos sana de cualquier enfermedad o condición; asimismo nos inspira y nos da la solución a cualquier problema que enfrentemos, en las relaciones con los demás e inclusive en asuntos financieros. Responde y corresponde a nuestros pensamientos e imágenes, a nuestra fe, creencia y convicción, manifestándolos en nuestra vida.

Interesante y sutil verdad es que este poder que reside en nosotros trabaja del mismo modo para pensamientos e imágenes buenas o malas. Cuando mantenemos en la mente pensamientos negativos, tiene que darles salida o expresión, y nos produce enfermedad, frustración e infelicidad; cuando el pensamiento habitual es armonioso y constructivo, experimentamos salud, prosperidad y éxito en perfecto equilibrio.

Nos cuesta lo mismo pensar bien que mal, pero lógicamente nos beneficia más el primero. Si deseamos cambiar las condiciones negativas externas, primero suprimamos la "causa" que las produce, es decir, los pensamientos negativos a los que el poder que habita en nosotros da expresión.

Por lo tanto, si queremos que vengan a nosotros sólo cosas deseadas, es necesario hacer los cambios correspondientes. Corregir nuestra forma de pensar toma tiempo, pero podemos lograrlo. Y si decides hacerlo, entonces tienes que empezar por decir esto: *"Yo ahora decido pensar positiva y constructivamente"*.

En esta afirmación no hay coerción ni lucha mental. Nunca debes hacer afirmaciones forzadas porque no tendrán el resultado deseado. Debes pronunciarlas con naturalidad y sentimiento, pues las cosas no se manifiestan por la fuerza de la voluntad, sino por el poder de la verdad que ponemos en ellas.

Analiza tu forma habitual de pensar. Si consideras que no es muy positiva, te invitamos para que tomes una firme decisión ahora mismo y empieces a hacer los cambios necesarios. Lee las siguientes preguntas, háztelas y contéstalas con sinceridad y honestidad.

AUTOANÁLISIS

¿La clase de vida que vives ahora es la que siempre deseaste vivir?

R.=_____

_____

¿Consideras que lo que estás viviendo es lo que te mereces?

R.=_____

_____

¿Crees que lo que tienes es todo lo que hay y existe para ti?

R.=_____

_____

¿Crees que es malo aspirar a tener más y mejor?

R.=_____

_____

¿Crees que desear más es egoísmo, o que poseerlo puede hacer que caigas en el mal?

R.=_____

_____

¿Te consideras digno de aceptar más de lo que tienes para que vivas mejor y lo compartas con los demás?

R.=_____

_____

¿Crees que a través del sufrimiento y las limitaciones te ganarás el cielo?

R.=_____

_____

¿Crees que Dios les da más a unos y limita a otros?

R=_____

_____

Si analizas con cuidado y con sinceridad, encontrarás la respuesta correcta para cada pregunta. Toma muy en cuenta que si no entiendes bien la pregunta, no podrás contestarla correctamente. Por eso es importante que la leas cuantas veces sea necesario, hasta que tengas una clara comprensión de la misma. No puedes engañarte o mentirte.

Procura estar sereno y relajado, en completa paz, sin prisa ni ansiedad, con la mente despejada, libre de problemas o preocupaciones, cuando menos durante el tiempo que hagas esto. Si lo haces con honestidad, podrás llevar a cabo los cambios necesarios para que tu vida se transforme para lo mejor.

Debes saber que nada ni nadie nos limita, lo único que lo logra es un erróneo modo de pensar; por lo tanto, al cambiar nuestra forma de pensar, cambiará nuestra vida.

Si las respuestas son "NO" o "SÍ", explica brevemente por qué. Este ejercicio abrirá más tu percepción de lo bueno. Aprende a entrenarte mentalmente. Así como el ejercicio físico fortalece el cuerpo, debemos ejercitar la mente para que siempre pensemos en forma clara y positiva.

CÓMO EJERCITAR NUESTRAS IMAGENES

Otra de las formas de ejercitar la mente es haciendo visualizaciones o imaginaciones. Todos tenemos el poder para visualizar —y siempre lo estamos usando—, lamentablemente son pocas las personas que lo usan de manera positiva, ya que la mayoría de las veces lo enfocan a lo negativo y obtienen un resultado indeseado.

La ley mental que nos gobierna siempre produce resultados iguales a nuestras creencias; y si te imaginas o visualizas que no vas a lograr el éxito, ten la plena seguridad de que así será. Tal vez te programaron o quizás tú mismo aceptaste que es más fácil dudar que creer en las posibilidades; ésta es la razón de tu fracaso.

El uso de la imaginación es muy efectivo para recobrar la salud. Nosotros consideramos que esta técnica se ha practicado siempre; podríamos decir que data desde la época del hombre de las cavernas. Usamos la visualización para estimular los sistemas curativos internos del cuerpo.

Por ejemplo, veamos el papel tan importante que juega la imaginación en una persona a la que se le diagnosticó una enfermedad incurable. Primero, su doctor le comunica que tiene una enfermedad incurable, de la que la ciencia médica desconoce su procedencia y su cura.

Sigue informándosele al paciente que a pesar de los esfuerzos de la ciencia, no han encontrado un antídoto efectivo y por eso consideran que no hay esperanzas, que se prepare para lo peor.

Después de recibir esta noticia, el paciente se queda solo, hundido en sus borrascosos pensamientos. ¿Qué clase de pensamientos creen ustedes que la persona tiene en ese momento? ¿Qué imágenes vendrán a su mente? ¿Acaso pensará en lo que debe hacer para ayudarse? ¿Se imagina que va a morir de manera irremediable? ¿Que su cuerpo empezará a deteriorarse más rápido hasta que sucumba? ¿Creen que en esta situación la persona tiene pensamientos optimistas? ¡Desde luego que no! Más bien estará terriblemente asustada, temerosa, pesimista e intranquila. Quizás pensando sólo en la muerte.

Sabemos que los pensamientos llenos de esperanza, alegres o positivos, estimulan al sistema inmunológico y a todos los sistemas curativos del cuerpo. Hemos comprobado que un estado mental y emocional de entusiasmo y alegría, contribuye en gran medida al proceso regenerativo de nuestro cuerpo, y que si una persona piensa lo contrario, o sea tristeza, temor, coraje e impotencia, obstruirá su proceso de vida y le afectará, minando su salud, o también puede interferir en sus buenas relaciones con los demás.

Es muy importante la forma en la que un doctor se comunica con el paciente. Consideramos que es de vital importancia que le inspire confianza, porque muchas veces en lugar de eso le causan temor.

Habiéndose quedado solo, el paciente se hace acompañar de sus creencias, pensamientos e imaginaciones, que determinarán su estado siguiente, sea de salud o que continúe padeciendo hasta que llegue el fin. Generalmente nuestras creencias culturales sobre la enfermedad crónica o incurable son bastante equivocadas y malsanas. De igual forma, las creencias sobre el sistema curativo de nuestro cuerpo se han deteriorado enormemente. Por ejemplo, el Dr. Louis Thomas, uno de los más destacados expertos en el tema del cáncer dice: *"La mayor tragedia ocurrida en la salud de la civilización occidental, es haber perdido la fe en el poder de los sistemas curativos naturales del cuerpo".*

Otro famoso doctor, el oncólogo Carl Simonton, reconocido por sus investigaciones en el tratamiento de esta enfermedad considerada letal, dice lo siguiente: *"Tendemos a creer que las células cancerosas son muy poderosas, que atacan y destruyen a las células sanas, y que este mal nos corroe de adentro hacia fuera. Pero esto es falso y malsano, las células cancerosas son células débiles, confundidas y deformes. En el laboratorio, nunca se ha demostrado que estas células ataquen y destruyan a las células normales".*

Así pues, nuestras creencias sobre esta temida enfermedad están equivocadas. Desde luego que no negamos que la enfermedad exista; desde el momento que todos la hemos padecido en alguna forma, sería ilógico negarla. Lo que nosotros hemos experimentado es que al afirmar pensamientos de salud en vez de enfermedad, desaparece —haz tus propias conclusiones.

Este hecho comprueba lo dicho por el gran maestro Jesús hace dos mil años: *"Te será dado en la medida que tú creas".* También corrobora la frase de la Ciencia de la Mente que dice: *"Cambia tu manera de pensar y cambiará tu vida".*

¿Entonces qué queremos decir con esto? Que la enfermedad no tiene poder por sí misma para permanecer en nuestro cuerpo, nosotros le damos permanencia con el poder de la creencia en ella, o con los pensamientos negativos que establecemos en el subconsciente. Es el resultado de la ley mental de causa y efecto; si piensas bien, te va bien, si piensas mal, te irá mal. Ésta es la mecánica o la forma en la que trabaja la ley.

Al cambiar nuestras creencias, hacemos que el sistema inmunológico y curativo se vuelva más fuerte y poderoso; asimismo recordamos que este sistema reconoce y elimina con facilidad a las células cancerosas o malignas de nuestro cuerpo, y que también se deshace de las obstrucciones que impiden que la sangre fluya a todo el cuerpo, para mantenernos siempre sanos.

Hay una inteligencia dentro de nosotros que creó al cuerpo y sabe cómo mantenerlo en perfectas condiciones, si no interferimos en su proceso. Por desgracia, siempre lo hacemos con nuestro erróneo pensar, con resentimientos, ansiedad, celosos o envidiando a otros. Este pensamiento es muy nocivo para la salud del cuerpo.

En el proceso mental para cambiar nuestras falsas creencias, se recomienda visualizar imágenes positivas y verdaderas tres veces al día, durante diez minutos aproximadamente. También usamos este método para realizar objetivos o deseos.

Para lograr un buen resultado, busca un lugar cómodo, tranquilo, donde puedas relajarte con facilidad; es muy importante también que nadie te moleste en este periodo de visualización.

Una vez que estés cómodamente sentado y relajado, olvida en ese momento lo concerniente al mundo que te rodea. Tu mente debe de estar libre de preocupaciones, malestares o problemas. Ahora sí, ya estás listo para pasar el siguiente paso. A continuación cierra los ojos y haz tres respiraciones profundas, inhalando y exhalando con suavidad por la nariz. Esto ayudará a calmar toda tensión que pudiera haber en tu cuerpo.

Al hacer las inhalaciones afirma: *"Yo ahora estoy inhalando la gran Vida de Dios y ésta permanece en mí, y yo en Ella"*. Luego al exhalar di: *"Yo ahora libero de mi mente y cuerpo todo malestar e impureza"*. Hazlo aceptando y sintiendo esta verdad.

Una vez que estés calmado, tranquilo y muy en paz, entonces sin ningún esfuerzo imagina lo que deseas tener. Te repetimos, sin ningún esfuerzo imagina *"ver"*, lo más claro posible, lo que quieres; y cuando realmente *"sientas"* que los ves en tu mente, ya es tuyo, o ya lo tienes contigo; entonces, da gracias por ello. Afirma: **"Gracias Dios, por esta feliz sensación de bienestar (o por esta feliz realización)"**. Este *"sentir y ver"* es el gran "secreto" de toda demostración, por lo tanto no cuestiones ni argumentes cómo sucede porque nadie, ni aún el más sabio de los hombres, lo sabrá; sólo agradece esta feliz realización.

Suponiendo que deseas eliminar de tu cuerpo algún malestar, debes olvidarte de la condición y visualiza a tu cuerpo libre de todo malestar, lleno de energía, de vitalidad y fortaleza. Imagínate haciendo algún ejercicio o simplemente caminando y trotando muy contento y feliz, vestido con tu ropa deportiva. También trae a tu mente el recuerdo que tengas en tu memoria de alguna fiesta en la que estabas muy contento y bailabas felizmente.

Cuando tengas esa imagen de felicidad, da gracias a Dios por haberte hecho perfecto, afirma: *"Gracias Dios, por haberme creado perfecto. Gracias por la perfección que ahora estoy sintiendo en mi cuerpo, que es Tu templo"*. Una vez hecho esto, quédate por un momento más sintiendo y disfrutando lo que lograste, no importa que no haya sido lo que esperabas. Aunque nada más hayas sentido mucha paz y seguridad en ti mismo, es un gran logro. Continúa haciéndolo cuantas veces puedas, y cada vez hazlo con más entusiasmo, agrégale más sentimiento.

Si aceptar esta nueva creencia te provoca conflictos internos, no te preocupes, sigue haciéndolo, vas por buen camino. Lo más probable es que sientas incomodidad emocional, a ésta se le llama disonancia emocional o disonancia cognitiva, y es normal que se produzca en nosotros. Esto sucede cuando hacemos algo que contradice nuestras viejas creencias, sobre todo si están muy arraigadas.

Por ejemplo, si has estado en Inglaterra y manejas un auto, pues allá se maneja por el lado izquierdo, contrario a lo aprendiste en México, claro que al principio sientes que estás haciendo algo incorrecto, y hasta te sientes un poco incómodo. Pero conforme pasa el tiempo, te acostumbras y te convences de que estás en lo correcto.

Lo mismo sucede con las nuevas creencias, y por eso debemos de estar conscientes de esta incomodidad emocional, pero continúa con las visualizaciones hasta que veas el resultado de lo que estás haciendo, sabiendo que es lo correcto. Tener salud es un derecho divino y eso no interfiere con nadie.

Dominar el arte de la visualización, es decir, para que las nuevas creencias conscientes se establezcan en el subconsciente, toma de seis a ocho semanas practicándola mínimo dos veces al día. Es posible que se logre en menos tiempo, depende del entusiasmo con que se haga y de las creencias que se tengan. Recuerda que hay una gran diferencia en tratar de hacerlo y hacerlo.

La práctica y pensar positivamente siempre nos traen buenos resultados. Pretender es fingir, es importante que practiques en vez de tratar o fingir. Empieza pues con los deseos sinceros de mejorar tus creencias, pensamientos y sentimientos, y así evitarás enfermedades, carencias o limitaciones.

Recuerda siempre esto: La Vida te ofrece un gran buffet donde hay salud, riqueza, paz, armonía, éxito, prosperidad y toda clase de bienestar. Pero también hay enfermedad, pobreza, ansiedad, conflictos, fracaso, escasez y malestares. Has sido dotado de mente para pensar y libertad para elegir. Escoge con sabiduría y disfruta la vida con alegría, TE DA EXACTAMENTE LO QUE TOMAS DE ELLA. Nos encanta esta frase: "LA VIDA ES BELLA", cuando sabemos vivirla.

CAPÍTULO VI

TÚ PUEDES SANAR TODA INSEGURIDAD

Hemos aprendido que para vivir felices tenemos que sanar todas las áreas de nuestra vida, y si lo hacemos a través de un análisis profundo para llegar a las causas, llegamos a la conclusión de que la seguridad es la base del éxito; la inseguridad es como una "enfermedad" que sin darnos cuenta, va minando nuestra vida, si no nos percatamos de ella.

La inseguridad hace que fracasemos en los negocios, en el amor, en las relaciones humanas. La gran mayoría de las personas que fracasa es por inseguridad. De ésta nacen los pensamientos negativos como el miedo, la preocupación, el odio, la suspicacia o el recelo, los celos, la envidia, la ansiedad, y muchos más.

Lo único que necesitamos para remediar estos males, que terminan por destruirnos, es la seguridad; pero tal vez digas: "¿cómo obtengo seguridad? ¿En dónde la consigo? ¿Quién me la da? A todas estas preguntas hay una sola respuesta:

La seguridad está en el Poder Divino que nos sostiene. Cuando no lo sabemos, la buscamos en cosas externas, como a través de personas, instituciones, situaciones o condiciones.

Igual nos pasa con alguna institución bancaria en la que ponemos nuestra seguridad porque siempre nos otorga créditos y préstamos personales. Después de haber llenado el formato y cumplido con los requisitos que nos solicitan para el préstamo, estamos seguros de que lo obtendremos. Pero al llevárselos al gerente nos dice: "Lo sentimos mucho, la oficina general acaba de comunicarnos que los préstamos están suspendidos". Sientes como si te echaran un cubo de agua helada en tu cabeza y desde luego, reaccionas de forma negativa; pero de nada te vale porque no te darán el préstamo.

Cuando confiamos en lo externo corremos el gran riesgo de fracasar. El mundo externo, el mundo donde vivimos, cambia constantemente; podemos observarlo incluso en nosotros mismos, ya no pensamos como cuando éramos niños o jóvenes, nuestra estatura, nuestro carácter, etc., también han cambiado. Todo cambia, nada es igual porque las cosas evolucionan de una u otra forma. Pero somos muy pocos los que nos damos cuenta de esto.

Las emociones más destructivas son las actitudes negativas que algunas personas adoptan cuando las despiden o reajustan en un buen empleo que tenían por años, se habían sentido "seguras" con el salario que percibían. O bien cuando pierden su dinero al derrumbarse la bolsa de valores. Hay casos de gente que se ha suicidado al perder todos sus bienes y su fortuna.

Cuando una persona es despedida o reajustada en una empresa o institución donde presta sus servicios, ¿por qué no lo acepta asumiendo una actitud positiva? Por qué no piensa que el cambio que se presenta, es una nueva oportunidad que la vida le brinda para cambiar a un trabajo mejor; o bien para realizar otra actividad que le produzca más felicidad, para que comparta con otros sus habilidades y la experiencia que adquirió en el trabajo que había desempeñado, en vez de permitir que le gane la desesperación o la derrota.

Otra de las cosas que nos causan un gran daño físico y moral es la pérdida de un ser querido y no sabemos asimilarla, sobre todo si nos sentíamos muy seguros con su presencia y ayuda. Nunca pensamos que algún día esa persona tendrá que partir y cuando sucede, no sabemos qué hacer y nos hundimos en el dolor y en la desesperación; muchas personas culpan a todo el mundo de su desgracia.

A ti querido lector, que ahora estás leyendo estas líneas, te invitamos a que analices lo siguiente. En vida debes de dar lo mejor de ti mismo, a ti y a tus seres queridos. Dales tiempo para que compartan contigo, bríndales atención, consideración, apoyo moral, cariño, amor y estímulo. Al hacerlo, cuando alguien se vaya primero que tú, no lamentarás su partida porque mientras estuvo contigo o cerca de ti, siempre le diste, dentro de tus posibilidades, lo mejor para que él o ella viviera feliz. No habrá remordimientos ni frustraciones, simplemente sentirás satisfacción de haber cumplido; es lógico que sientas la partida, pero no habrá lágrimas.

No siempre significa que las personas que lloran con desesperación sufran porque se fue el ser querido, más bien sienten un gran remordimiento porque cuando la persona estuvo presente nunca le dieron atención o le expresaron su amor; por el contrario, siempre estuvieron en desacuerdo con ella y le hicieron la vida muy difícil. Nunca le pidieron perdón o disculpas, sólo hubo reproches y como ya no hay tiempo para hacerlo, el cargo de conciencia les reprocha su proceder. No haber estado en armonía es lo que ahora hace que lloren y sufran.

Otras lloran porque se dan cuenta que la persona que se fue les hace falta; por ejemplo, su mamá, y se preguntan: "¿ahora quién va a hacernos de comer? ¿Quién nos cuidará y arreglará la casa? ¿Quién estará al pendiente para que no nos quedemos dormidos y se nos haga tarde para ir a la escuela o al trabajo?

En el momento surgen en la mente un sinnúmero de preguntas, pero todas ellas dicen: "¿Y ahora qué vamos a hacer?" Ello origina que no paren de llorar, pero el llanto no es de dolor, sino de frustración. Se dieron cuenta de lo importante y necesaria que era la persona que fue.

Si eso lo hubieran valorado cuando estaba con vida; si le hubieran agradecido todo lo que ella hizo de manera incondicional; si le hubieran expresado su cariño y amor, en vez de reproches y malcriadez; si le hubieran brindado atención y consideración para que se sintiera alegre y feliz, no estarían pasando por esta experiencia de dolor.

Indudablemente, estas personas pusieron su confianza y seguridad en instituciones y en personas, y por desgracia sufren. Que esto te sirva de experiencia para que si por algún motivo o razón has puesto tu seguridad en lo externo, cambies de manera de pensar de ahora en adelante; para que siempre estés consciente, alerta y dispuesto a dar lo mejor de ti para contribuir a tu felicidad y a la de los demás de manera incondicional. Debes saber que todo lo que das, regresa a ti multiplicado.

Nosotros hemos comprobado que la inseguridad es el resultado de sentirnos desprotegidos, indignos, no merecedores, de no valorarnos, de no aceptarnos, de no amarnos, de no saber quiénes somos en realidad; de allí proviene nuestra inseguridad.

Cuando encontramos la verdad y entendemos que somos Hijos e Hijas de Dios, que Él nos ama por igual con un Amor incondicional, que Él está con nosotros en todo tiempo, dentro y alrededor de nosotros, porque Él es Omnipresente, Omnisciente y Omnipotente, entonces empezamos a "sanar" nuestra inseguridad, pues sabemos que con Él siempre estamos seguros de todo y ante todo.

Claro que si te educaron en una religión en la que te enseñaron que Dios está "afuera", lejos de ti, en el cielo y tú estás en la tierra, entonces estás mentalmente separado de Él. O si te enseñaron a temerle a Dios, si te dijeron que si te portas mal Él te castigará, entonces no es fácil para ti aceptar que es bueno.

Pasa lo mismo con el hijo al que el padre castiga golpeándolo y maltratándolo despiadadamente, muchas veces sin justificación; este niño no sentirá amor hacia él, sino coraje aunque le digan que debe amarlo y respetarlo, no podrá expresarle esos sentimientos; por el contrario, le guardará un profundo resentimiento que tal vez con el tiempo se vuelva odio. Sabemos que donde hay temor no surge el amor.

Pero no importa dónde hayas adquirido tu conocimiento acerca de Dios y tu relación con Él. Lo importante es que ahora analices con mucho detenimientos y seas diligente contigo mismo al hacer un balance de tus creencias. Analiza lo siguiente:

A pesar de que no ves a Dios con tu vista física y de que hayas creído que Él estaba o está fuera de ti, ¿ahora confías en que Él te da seguridad? ¿Crees que Él puede darte lo que necesitas para vivir una vida feliz, sin carencias ni limitaciones?

Si la respuesta es afirmativa, no tendrás problemas para cambiar el rumbo de tu vida; pero si es lo contrario, entonces empieza a trabajar en ti, aunque tu intelecto y razonamiento se nieguen a aceptar esta verdad; lograrás convencerte.

Cuando empezamos a estudiar la filosofía de la Ciencia de la Mente, nos dijeron que hiciéramos un balance de nuestras creencias para que realizáramos cambios, o sea, que conserváramos las que nos producían bienestar y elimináramos las contrarias; pues de lo contrario, las falsas creencias siempre estarían en oposición con las nuevas.

Para hacer esto, date cuenta que en realidad todos hemos cambiado o evolucionado física y mentalmente, y también hemos modificado algunas cosas y creencias. Recordarás que cuando eras niño ibas de la mano de tu padre o de tu madre, y al cruzar alguna avenida te decían: "apúrate hijo", y te estiraban de la manita, entonces corrías y sentías que la otra orilla estaba muy lejos; de igual manera, veías una casa de dos pisos y parecía que estabas viendo un rascacielos; todo te parecía muy grande.

Cuando le preguntabas algo al abuelo, lo que te decía era verdad y lo considerabas un hombre sabio, podías confiar en él. Lo mismo sucedía con tus padres y después con tus maestros, siempre tenían la razón, tú sólo lo aceptabas sin pensar porque para ti eran la máxima autoridad y no podías discutirles o rebatirles nada.

Cuando pasaste de la niñez a la juventud, empezaste a hacer consideraciones e iniciaste tus propios cambios, de acuerdo con lo que entonces creías que era lo mejor, en ocasiones influido por tus amigos, pero lo hiciste. Después, ya de adulto, continuaste haciéndolo, ya no te dejabas influir fácilmente por otros y tomaste tus propias decisiones. Ahora escogiste pertenecer a cierto partido político por decisión propia.

Como podrás ver ahora, las avenidas ya no te parecen tan grandes, las casas tampoco; sabes que el abuelo, tus padres y tus maestros tenían ese conocimiento porque habían vivido más tiempo que tú, el estudio los preparó y fue dándoles la sabiduría necesaria para su desarrollo.

Todo cambió y sigue cambiando, ¿verdad? Ahora viene la pregunta, ¿tus creencias acerca de Dios han cambiado? Tal vez siguen siendo las mismas que aprendiste desde niño; por ejemplo, que Dios está en el cielo, en la tierra y en todo lugar. Pero ¿acaso te explicaron qué significa "en todo lugar"? Y como esta pregunta hay varias más que requieren de tu análisis.

No tratamos de influir en ti, ni te decimos que cambies de religión, ni te forzamos a que creas en lo que nosotros creemos. Queremos que tengas una idea clara en la mente sobre las creencias que en realidad te benefician, las que te dan seguridad en ti mismo, estabilidad financiera, salud permanente, relaciones armoniosas con los demás, alegría y felicidad en todo el entorno, en fin todo lo bueno que hay y existe en la vida.

Tal vez consideres que esto es "un sueño", o que es demasiado bueno para ser verdad o posible, pero te decimos que puedes realizar y disfrutar este sueño porque nada te impide hacerlo, sólo tus creencias. Si piensas que no es posible, así será, y si afirmas con seguridad que SÍ es posible, entonces estarás tomando esa decisión y verás realizado ese sueño.

El bello Jesús, el hombre que más ha amado a la humanidad en forma incondicional, declaró lo siguiente: *"Todas las cosas son posibles para aquel que **cree**"; "cuando ores, **cree** que recibirás y así será hecho"; "te será dado, en la medida que tú **creas**"; "de acuerdo a tu **fe**, así sea en ti"; "tu **fe** te ha sanado"*.

Lo que el maestro nos dice con esto es que debemos creer, tener fe, estar convencidos de lo que deseamos sinceramente, y eso tendremos. La ley de la vida nos da sólo lo que tomamos de ella y no nos darás más de lo que no aceptamos.

Desde el momento en que tenemos resultados o experiencias en nuestra vida, es porque lógicamente recurrimos a nuestra fe y creencia; a través de estos procesos mentales se originaron los resultados de cosas buenas y malas.

Por lo tanto, la fe es un estado de la mente, es la evidencia de las cosas que aún no vemos; creer es un pensamiento, es una imagen mental que acciona nuestro poder mental subconsciente, el cual produce resultados según la fe y creencia, manifestándolos en hechos y cosas en varias áreas de nuestra vida.

Así, de acuerdo con nuestros hábitos mentales, las experiencias, los sucesos y circunstancias que hemos tenido en nuestras vidas, son el reflejo y la reacción del poder mental, por eso es una locura creer que algo puede herirnos o hacernos daño. Lo que nos lastima o daña es en realidad las creencias equivocadas; los pensamientos enfermizos de la mente producen los resultados nocivos.

Si ahora razonamos de manera positiva con respecto a las pérdidas de seres queridos, de trabajo o de dinero, debemos apoyarnos en Dios porque Él nunca nos abandonará; pues en realidad la vida no es "nuestra", sino que se trata de Su propia vida individualizada en cada uno de nosotros. Él jamás nos fallará porque no conoce de fallas, Él es Todo-poder, Todo-sabiduría, Todo-bondad, Todo-amor; Él no tiene favoritos, todos por igual somos Sus favoritos.

Asume la posición del hombre sabio a quien le preguntaron cuál era el secreto de la prosperidad y éxito que estaba viviendo. Y dijo: "No hay ningún secreto, todo es simple y sencillo. Diariamente sigo al pie de la letra esto, señalando cuatro puntos impresos en un madero que colgaba de la pared de su lujoso despacho; los practico ya como un buen hábito".

Los cuatro puntos decían:

Número 1.-DIOS

Número 2.-YO

Número 3.-MI FAMILIA

Número 4.-MI TRABAJO

Enseguida explicó: "Por la mañana al despertar, mi primer pensamiento es para Dios. Le doy gracias por el nuevo día, le agradezco por el hogar que me ha dado; por la linda familia que me rodea; por Su amor que derrama sobre mí y toda la humanidad; por las bendiciones que he recibido, y por todas las que tiene preparadas para este maravilloso día. Permanezco en esa conciencia de unidad con Él, reconozco que Él es primero en todo y para todo, y que yo nada más soy un canal por el cual Él se expresa en todo momento.

Después me valoro y me digo a mí mismo —no de manera egocéntrica— lo grandioso y maravilloso que soy, y dándome palmaditas me abrazo y me digo que este día voy a ser mucho mejor que ayer, que el éxito en todo lo que haga, diga o piense, ya está realizado, no sólo en mi beneficio sino también en el de los demás.

Con mucho entusiasmo bajo a tomar mi desayuno y salud con un abrazo muy cariñoso a mi esposa y a cada uno de mis hijos, platicamos mientras desayunamos, y les presto toda la atención que se merecen; de manera recíproca recibo el amor y la atención de cada uno de ellos.

Enseguida salgo de mi casa muy contento y feliz, me subo al automóvil y al llegar a la oficina, saludo al empleado que me abre con amabilidad la puerta, le expreso la gratitud y el cariño que siento hacia él porque también es parte del engranaje del negocio. Hago lo mismo con cada persona que se cruza conmigo, sea o no empleada, le doy un cordial saludo, en el despacho todo mundo se ve contento y feliz de verme llegar; yo también siento gran placer al iniciar un nuevo día de trabajo con personas atentas, amables, serviciales, cooperadoras y todo marcha en perfecta armonía.

En consecuencia, el negocio es un éxito. Como podrán ver, todos tenemos el mismo o más éxito siguiendo esta regla a la que le llamo 'Con Dios, el éxito está asegurado'".

¿Te gustaría probar esta regla para experimentar el éxito en todo? Nosotros, como este gran hombre, la comprobamos y tenemos una frase muy parecida que dice: "Con Dios, todo es posible". Si deseas comprobarlo, afirma:

"Yo (menciona tu nombre completo) hoy dejo ir de mi mente todas mis inseguridades y todos mis temores. Yo pongo toda mi confianza y seguridad en Dios en quien vivo, me muevo y tengo mi ser. Yo tengo confianza en mí, porque yo tengo confianza en Dios. Yo ahora creo y declaro que la seguridad siempre está presente en donde yo estoy porque Dios es y yo soy".

CAPÍTULO VII

VISUALIZACIÓN CONSTRUCTIVA

*T*odos nuestros pensamientos son creativos por naturaleza y cada deseo que nace del corazón, primero estuvo en el pensamiento y luego se convirtió en deseo. La visualización o imaginación también es creativa por naturaleza, y por eso debemos usar este arte de manera constructiva y positiva.

La visualización es una técnica que usas para traer a tu vida el bien que deseas, o también para demorar o impedir la realización de tus propósitos. Cuando no sabes usar este poder mental que origina experiencias en nuestro cuerpo o en nuestro medio ambiente, por lo general lo haces de modo negativo, o sea, contrario al verdadero deseo.

Por ejemplo, una persona piensa: "que ganas tengo de hacer ese viaje a Europa", y al leer el periódico ve un anuncio donde ofrecen muchas facilidades para viajar a Europa visitando España, París, Italia, Roma y otras bellas ciudades; entonces hecha a volar la imaginación y vienen a su mente los grandes castillos con hermosos jardines, la torre Eiffel, las góndolas en los canales, el Vaticano, las grandiosas pinturas de Miguel Ángel, y tantas otras bellezas, pero luego oye una "vocecita" que le dice: "no sueñes, eso no es para ti".

En ese mismo momento, la magia que estaba experimentando se desvanece de su mente y se dice: "es verdad, para que me hago ilusiones, no voy a poder realizarlo". Y se convenció porque ya antes lo había planeado, pero no puedo hacerlo porque no le dieron permiso, ni en el trabajo ni su familia. Además no contaba con el dinero suficiente para hacer ese viaje y claro, no iban a regalárselo. Total, sólo suspiró profundamente y el deseo se desvaneció en el aire, es decir, se quedó sólo en deseo.

En este caso, la persona primero usó la imaginación en forma deseada, pero luego la cambió pensando negativamente: "no voy a poder", y al afirmarlo visualizó la negativa de la familia y en el trabajo: "no es posible, ni sueñes". Como podemos observar, aquí la imaginación de no poder venció al deseo.

El Dr. Joseph Murphy en su libro *El Poder de la Mente Subconsciente* dice: *"Si caminas sobre un tablón apoyado únicamente en los extremos sobre dos muros y el resto del tablón al aire, ¿puedes andar despreocupado sobre dicho tablón? El deseo de caminar sobre él, atravesando el vacío que hay bajo tus pies, será contraatacado por la sensación e imaginación de que caes; aquí, tu pensamiento o idea de caer dominará y vencerá cualquier otro intento imaginativo. El deseo, la voluntad, el esfuerzo por atravesar, se invertirá y dominará la idea de caer".*

Te darás cuenta que en este caso la imaginación venció al deseo, como le sucedió a la persona arriba mencionada. Consideremos ahora este otro ejemplo que sí se realizó. Se trata de una experiencia verídica, relatada por una maestra que estudiaba la forma en la que trabaja nuestra mente. Le dijeron que todo lo que imaginara lo tendría, pero que necesitaba poner en práctica este proceso haciendo e imaginando que su deseo era ya una realidad.

Entonces ella se dijo: "bueno, creo que por fin voy a poder realizar mi viaje a Acapulco". Para esto, hizo los preparativos para imaginarse que estaba en Acapulco, disfrutando de unas lindas vacaciones en la playa. En ese momento, ella vivía en unos departamentos que no tenían piscina y necesitaba una. Entonces, recordó que en donde vivía una amiga sí había piscina; por lo tanto, le habló por teléfono y le contó su plan.

Le dijo que estaba tomando unos cursos de visualización y que quería hacer unas prácticas, pero que para ello necesitaba una piscina; inclusive invitó a su amiga para hicieran juntas el ejercicio, le dijo que iba a divertirse y que ella llevaría todo lo necesario. La amiga estuvo de acuerdo, le contestó que le esperaba, que tenía algunas cosas de playa guardadas y que las tendría listas para cuando ella llegara.

Una vez que llegó al departamento de la amiga, se fueron a la piscina y se instalaron, luciendo ambas hermosos bikinis e imaginándose que estaban en la playa de Acapulco disfrutando de unas deliciosas "margaritas" —bebida muy popular en el puerto—, para lo cual había llevado una botella ya preparada con el licor, sólo le agregaron el hielo. Como le gustaba mucho la música ranchera con mariachi, se llevó también unos casetes de esa música y los escucharon para que fuera más real. Las dos usaron su imaginación, sin argumentar cómo o en qué forma iba a suceder todo. No hubo nada en sus mentes que contradijera su deseo.

Así lo hicieron dos fines de semana. A los pocos días después de la última visualización, la amiga de esta persona le habló por teléfono y le dijo: "Oye amiga, he tenido en mente que ya debemos hacer las reservaciones en la agencia de viajes para nuestro viaje a Acapulco". La otra amiga contestó: "Sí, estoy de acuerdo contigo, encárgate de hacerlas".

Después, al segundo día, volvió a llamar la amiga y le dijo: "Te tengo una sorpresa, vino mi mamá y le conté lo de nuestro viaje a Acapulco. ¿Qué crees? Me dijo que iba a darme el dinero necesario para el viaje, así que cuando digas vamos a la agencia de viajes para pagar las reservaciones, porque quedan sólo dos días del plazo que nos dieron para pagar".

En el momento en que la amiga le decía lo del pago del viaje, vino a su mente por qué no iba a visitar a su mamá; tal vez a ella también podían pagarle el boleto, y se dijo a sí misma que al día siguiente iría a ver a su mamá.

La mañana siguiente salió del departamento con una actitud muy positiva. Su mamá vivía en el lado opuesto de la ciudad, así que de camino siguió con su trabajo mental, o sea, continuó imaginando que todo estaba acomodándose para su gran realización. A pesar de que hasta ese momento no contaba con dinero, nunca permitió que pensamientos contrarios invadieran su mente.

Cuando llegó a la casa de su mamá, a la entrada se encontró el buzón de la correspondencia y aprovechando que había algunas cartas, las tomó en sus manos sin revisarlas; después de saludarla y entrar a la casa, le entregó las cartas a su mamá. Enseguida, se pusieron a platicar y no encontraba la manera ni el momento para contarle de su proyecto; hasta que al fin, casi para despedirse, se decidió y le contó todo, también que la mamá de la amiga le pagó el viaje.

Entonces, su mamá dijo que lo sentía mucho pero que de momento no tenía suficiente dinero para pagárselo, y que no se hiciera ilusiones con ella. Revisando la correspondencia, que aún tenía en sus manos, la mamá le dijo que había una carta para ella. Pidió que le dejara ver de quién era, y cuando leyó el remitente exclamó sorprendida: "¡Ah! Es de mi amiga Maribel, con la que viví en la capital cuando estudié la maestría, ¿te acuerdas? Sí —respondió la mamá—, por qué te escribiría a este domicilio y no al tuyo. La hija contesta, bueno, tal vez no lo sabe, no recuerdo habérselo dado. Dejamos de frecuentarnos y de comunicarnos, quizás sea la razón. A ver qué me dice".

Abrió la carta, empezó a leerla y después de saludarla decía: "...y como no sabía a dónde escribirte, me acordé del domicilio de tu mamá, por eso estoy enviándote la presente. Como recordarás, en una ocasión compramos muebles usados en una subasta y resulta que uno de ellos era una antigüedad. Voy a casarme y vendí todo porque nos vamos a vivir a Cuernavaca; como todo lo compramos a medias, te envío este cheque que corresponde a tu parte por la venta". Era la cantidad suficiente que necesitaba para hacer el viaje a Acapulco, precisamente el último día que tenía de plazo para pagar la reservación en la agencia de viajes.

Es una prueba más de cómo trabaja la imaginación positiva. Y cuando la usamos en forma correcta, siempre produce lo que aceptamos —no debemos cuestionar ni argumentar el resultado. En realidad, no hay nada nuevo o extraño en esto, sólo se requiere que el deseo e imaginación estén de común acuerdo y no habrá nada ni nadie que impida la demostración.

¿Cómo estás usando tu imaginación, positiva o negativamente? Recuerda que en todo momento usas la imaginación, es decir, siempre estás pensando y después del pensamiento automático sigue la imaginación. Ahora que ya lo sabes, ten mucho cuidado para que sólo pienses y visualices lo que realmente deseas tener.

El poder mental de la imaginación, que en este instante estás usando, es la Energía Creativa del Universo y siempre ha estado a tu disposición, sin que siquiera lo sepas. Por lo general, todos hemos utilizando el poder de la visualización, pero lamentablemente ha sido en forma inconsciente y se han originado muchos sucesos nada agradables. Ahora sabes porqué y cómo suceden las cosas, ya no podrás decir: "fue una casualidad", "un mal momento" o "un momento de suerte"; tampoco dirás: "por qué me pasa esto a mí".

Hay muchas personas que ponen su atención en la enfermedad, como la madre que se entera que en el ambiente hay un virus que ataca principalmente a los niños; entonces, se asusta con la noticia y hasta se imagina que sus hijos están contagiados y que de un momento a otro se enfermarán. Sin darse cuenta, inconscientemente origina el hecho, pues usa el poder de la imaginación, aunque en forma negativa porque ninguna madre desea que sus hijos se enfermen.

Muchas personas nos preguntan: "¿Por qué siempre pensamos más negativa que positivamente? Les contestamos que eso sucede porque se nos ha programado para pensar más en la enfermedad que en la salud, más en lo imposible que en lo posible, más en lo difícil que en lo fácil, ver más limitación que abundancia, etc. Depende también del hogar o del ambiente en el que crecimos.

Pero todos vinimos a este mundo para experimentar cosas y si no nos agradan, podemos hacer cambios. Estamos aquí para aprender a través de las experiencias, ya que ellas nos sirven para crecer, superarnos, valorar las cosas, y darnos cuenta si estamos haciéndolo bien.

Somos seres dotados de poder. Cuando nos damos cuenta de él, lo usamos de manera positiva y constructiva para lograr objetivos, deseos, planes que nos beneficien, y lo compartimos con los demás para que ellos lo disfruten como nosotros. Lo más importante no es que nos reconozcamos como seres humanos, sino que entendamos que antes que eso somos seres espirituales.

Consideramos que lo más importante, que el principal objetivo de estar en este mundo, es que sepamos que somos seres espirituales que viven experiencias humanas. Cuando todos lo comprendamos, el mundo vivirá en armonía y paz, como los desea nuestro Creador.

Si usamos nuestro poder en forma positiva y constructiva, retornaremos al "Jardín del Edén", al "Paraíso", a la "Gloria", eso de lo que en nuestra ignorancia, al desconocer la verdad, nos hemos separado mentalmente. Permaneceremos en un "estado de Gracia" y nuestros sueños se harán realidad en todo momento. En ese estado de Gracia disfrutaremos de la armonía, belleza, bondad y plenitud porque estaremos en completa unidad consciente con el Todo, viviremos el "Cielo en la Tierra".

CAPÍTULO VIII

EL PERDÓN PURIFICA NUESTRA ALMA

A través del proceso mental vivimos y tenemos experiencias en la vida. Como todo es pensamiento y conciencia, si no tenemos bajo control los pensamientos, sentimientos y emociones, corremos el riesgo de que ellos nos controlen a nosotros.

La mayoría de las personas no está conciente de ello y por eso, sin darse cuenta, vive esclava de su pensamiento, pues está tan habituada a reaccionar, que no se ocupa de pensar. Observa si tienes control sobre tus pensamientos y sentimientos.

Supongamos que estás muy tranquilo en tu casa y alguien llama a la puerta, abres, es un amigo tuyo que te dice: "acabo de enterarme que tu papá tuvo un accidente cerca de aquí". Lógicamente no piensas: "¿qué hago? ¿Me pongo tenso? ¿Debo ponerme nervioso? ¿Lloro? ¿Es cierto lo que me dice este amigo? ¿No estará jugándome una broma? ¿Debo dar crédito a lo que oigo?

Tal vez ninguna de estas preguntas pase por tu mente, nada más reaccionas porque dentro de ti hay información, que tú pusiste, que te hace reaccionar según lo hiciste la primera vez que tuviste una experiencia similar; o bien observaste cómo reaccionó otra persona ante un suceso igual y consideraste que ésa era la forma correcta de actuar.

Al recibir la noticia, de inmediato tu pensamiento y sentimientos se accionaron y te llevaron hasta la escena del accidente. Es posible que te hayas imaginado a tu papá en el suelo, cubierto de sangre, o que nadie estuviera dándole auxilio, y eso te puso nervioso, sin saber qué hacer; en fin, cada cual hace sus propios cuadros mentales y se imagina cosas diferentes cuando recibe una noticia de esta índole, pero consideramos que la mayoría siempre piensa lo peor.

Son pocas las personas que en ese momento mantienen el control de sus pensamientos y sentimientos y no reaccionan; de inmediato piensan y actúan con tranquilidad y calma. Dicen: "debo mantener la calma para pensar qué debo hacer en este momento para ayudar, porque esta situación está fuera de mi control y si me desespero no podré ayudar.

Si no sabes cómo controlar tu pensamiento y sentimientos, seguro te dejaste arrastrar por ellos, y en vez de tomar la acción correcta, te paralizaste o te pusiste nervioso y empezaste a llorar sin saber qué hacer o qué acción tomar. Las personas que sí saben qué hacer y cómo actuar, hacen lo correcto.

Resulta que al ver la reacción que tuviste, tu amigo te dice tratando de calmarte: "discúlpame, es una broma; nada es verdad". Pero claro, te molestas con él y tal vez hasta te resientas por esa clase de bromas. Luego, cuando aclaran por qué lo hizo, te dice: "¿sabes que día es hoy? El "día de los inocentes".

Si aunque fuera una broma te resentiste con él y no sacaste ese sentimiento, es decir, si no perdonaste a tu amigo, ten la seguridad de que la semilla quedó plantada en tu mente; a su debido tiempo germinará y crecerá dando como resultado que la próxima vez que vuelvas a ver a tu amigo, ya no lo consideres como tal, siempre recordarás la broma de tan mal gusto y sentirás coraje hacia él.

Significa que el resentimiento creció convirtiéndose en coraje, y seguirá creciendo, junto con otros resentimientos de diferentes experiencias, y se convertirá en rencor, que hasta puede causarte la muerte.

Se ha comprobado científicamente que el rencor produce un veneno en el cuerpo que nos come por dentro. Es esa enfermedad tan temida llamada "cáncer", el mal que la misma ciencia no ha podido controlar. Ya muchos doctores informan a los pacientes que su mal es de origen psicosomático, y les recomiendan que si desean curarse se pongan en contacto con un practicante de la ciencia mental, pues su ciencia sólo cura el efecto —o sea la enfermedad— pero que en esos casos la causa o el origen es mental.

La ciencia médica estudia el mecanismo del cuerpo, pero no estudia la causa que produce su funcionamiento. En cambio, el practicante espiritual sí sabe que todo efecto es producto de una causa, que es mental. Por consiguiente, si se elimina la causa, el efecto desaparece porque ningún efecto tiene poder por sí mismo para permanecer en el cuerpo.

Algún día, la ciencia médica y la ciencia mental caminarán de la mano para que juntas ayuden al ser humano a recuperar más rápido su salud. La ciencia médica, con los nuevos descubrimientos en el ramo de la medicina y las nuevas técnicas en la cirugía, contribuye a erradicar la enfermedad manifestada en el cuerpo del enfermo. La ciencia mental, a través del estudio de la mente, hace que el ser comprenda la verdad universal de que es un todo espiritual. De esta manera, ambos, haciendo cada uno su parte, lograrán que el ser humano retorne a su estado original, que es la perfección.

El estudio metafísico nos conduce al descubrimiento de que lo que vemos físicamente expresado, proviene de una idea o pensamiento producto de la mente del hombre o del Creador, y concluye que todo tiene origen en el mundo espiritual o invisible a través de la ley mental conocida como Causa y Efecto.

Si deseas la felicidad completa en todas las áreas de tu vida, la obtendrás eliminando de tu mente todo pensamiento negativo, como resentimiento o coraje, envidia, juzgamiento o crítica, que minan tu salud y tus buenas relaciones con los demás. Esto se logra a través del perdón, que es un acto mental.

A todos nos cuesta perdonar. Hemos tratado a personas que se niegan a perdonar o a pedir perdón. En una ocasión, una señora decía que estaba en desarmonía con su suegra, argumentaba que tenía razón de estar enojada porque siempre quería que se hiciera lo que ella decía. Por lo tanto, todo el tiempo estaba en desacuerdo con su suegra, pensando que quería imponer su voluntad en sus vidas. Esto la llevó a crear un profundo resentimiento en contra de su suegra y se enfermó.

Acudió varias veces con el doctor sin obtener mayores resultados, mientras el resentimiento seguía creciendo tornándose en coraje y finalmente en odio. Cuando ese estado de odio llegó dentro de su conciencia, la salud del cuerpo se volvió más crítica y en su última visita al doctor le diagnosticaron cáncer; no comprendía el porqué de esta enfermedad.

Se preguntaba: "¿por qué si soy una persona recta, honesta, siempre dispuesta a ayudar a los demás y comulgo diario, Dios me castiga con esto?"

No sabía la verdad, Dios no castiga, fue ella quien se castigó al infringir la ley divina, y como dice el Maestro Jesús: *"Ama a tus enemigos y ora por los que te aborrecen"*, porque todo lo que sale de nosotros, se nos regresa multiplicado. Los pensamientos buenos y los no-buenos se materializan en nuestro cuerpo o en nuestro ambiente, por eso al odiar a su suegra estaba envenenándose por dentro.

Cuando una amiga la llevó a nuestra escuela de Ciencia de la Mente, aquí en Monterrey, escuchó la clase de ese día, que se relacionaba con el perdón; en un momento irrumpió en llanto, sorprendiendo al maestro y a los alumnos porque las lágrimas la ahogaban.

Se sentía que el llanto le salía del fondo del corazón y con voz entrecortada nos dijo: "ahora sé por qué está pasándome esto. Porque desde hace tiempo odio a mi suegra, a la persona con quien, según acabo de escuchar, debería de estar agradecida en vez de odiarla, pues gracias a Dios y a ella conocí a mi esposo, a quien tanto quiero. De ahora en adelante cambiaré de actitud hacia ella y pondré todo lo que esté de mi parte para que nuestra relación sea armoniosa.

Lo maravilloso de esta historia es que en realidad empezó a perdonar desde ese día. Tomó la firme determinación de no odiar más y trabajar diligentemente consigo misma, perdonándose y haciendo la oración del perdón a su suegra. Hace unos meses visitó al doctor y éste quedó sorprendido por su recuperación total.

La clase que dimos ese día fue como si hubiera sido preparada especialmente para ella. Dijo que había sido una casualidad que su amiga la hubiera invitado ese día y que hubiera aceptado asistir, porque en varias ocasiones se había negado a ir. En Ciencia de la Mente sabemos que nada pasa por casualidad, siempre hay una causa detrás de todo, que es mental.

Perdonar es desearle bien a la persona que nos ha lastimado, es trascender la apariencia y reconocer lo bueno que hay en ella. Claro que no es fácil ver lo bueno en lo malo, como tampoco ver lo bonito en lo feo. Es fácil amar a quien amamos, pero es muy difícil amar a quien nos ha hecho daño, pero al hacerlo, nosotros salimos más beneficiados; ya que al hacerlo liberamos de nuestra mente el resentimiento que con el tiempo pueden llevarnos hasta la tumba.

La persona que odia a su prójimo atrae la infelicidad, por eso no debemos odiar, aunque creamos que alguien merece nuestro desprecio. No importa que tengas toda la razón del mundo para estar enojado o para odiar a alguien, hazte estas preguntas con mucha sinceridad: ¿Te sientes feliz odiando a alguien? ¿Te beneficia en algo el odio?

Resentimiento, coraje, odio, mala voluntad, envidia, crítica y celos, estos sentimientos negativos tienden a manifestarse en enfermedad en nuestro cuerpo. Te preguntarás: "¿Y qué hago si alguien me insulta?" Bendice y perdona a la persona que lo haga, no porque el o ella se lo merezcan, sino por tu bienestar. Que te baste saber que hay una Ley Divina que siempre nos regresa multiplicado lo que sale de nosotros.

Al bendecir no deseamos ningún mal, sino más bien nos protegemos porque al no aceptar su mala voluntad, se le regresará y será ella quien se sienta mal: "Quien practica el mal, recibe mal". Podemos decir que quien hace daño, condena su propia felicidad.

Siempre han existido personas que sufren como consecuencia de haber maldecido a otros. Jesús dijo: *"Practicaron lo contrario de lo que querían; calentaron exactamente aquello que debieron enfriar; recogieron lo que debieron haber echado fuera; echaron fuera lo que debieron guardar; caminaron a la izquierda, cuando debieron ir a la derecha; rebajaron aquello que debería ser ensalzado".* De este modo, las personas se produjeron innumerables enfermedades, vinieron y continúan sufriendo y padeciendo.

Si quieres ser saludable y vivir felizmente, devuelve bien por mal y ora por los que te maldicen. Practica el perdón y no maldigas ni menosprecies a nadie.

Para que vivas una vida sana que funcione de manera satisfactoria, es necesario que tengas el deseo sincero de perdonar y lo hagas. El perdón es la ausencia total de cualquier resentimiento. Los resentimientos se deben a la falta de amor de nuestro victimario, quien reclama la necesidad de que lo traten con amor.

Por esta razón si no recibimos el trato que esperamos, nos resentimos. Mientras no tengamos la determinación de perdonarnos y perdonar a quien nos dañó, inconscientemente estaremos lastimándonos y lastimando a otros. Pero el mayor daño siempre lo sufriremos nosotros.

Mientras no seamos capaces de perdonar, llevaremos odio en nuestro interior, y la cantidad de odio que habita en nosotros se mide en proporción a los deficientes resultados de lo que emprendemos, o por la magnitud de la enfermedad que suframos.

Si las circunstancias, situaciones o relaciones con los demás no funcionan como deseamos, es porque en nuestro interior hay resentimiento. Para que todo funcione de manera satisfactoria, es necesario perdonar. El caso es que en ocasiones el deseo de perdonar no surge de manera natural, esto es porque estamos resentidos, o bien porque algún odio entrampado nos mantiene sujetados, y sólo mediante su descarga liberadora encontraremos la calma y la ansiada paz.

El problema es que para liberar ese resentimiento, la mayoría de las veces tendemos a dañar a otros. Por eso hay gente que dice que *"la venganza es dulce"*. Quien se siente víctima almacena resentimiento en su inconsciente y conforme lastima a otros, experimenta cierto grado de placer.

Algunas personas hasta consideran natural su actitud de lastimar a otros, pero lo que no saben es que *"lo que envían se les regresa multiplicado"*. Por ello las cosas no funcionan bien en sus vidas, y todo el daño que infieren a otro, tarde o temprano se les regresa.

Existen dos tipos de perdón. Uno es el de "dientes para afuera" y el otro es el que surge desde el fondo del corazón. El perdón de dientes para afuera es cuando le decimos al ofensor: *"está bien, te perdono; pero no olvido lo que me hiciste"*. Ese no es un perdón real porque perdonar es olvidar completamente el suceso y no volver a recordarlo.

Nadie puede engañar a la ley mental que nos rige, así como nosotros no podemos engañarnos. Lo anterior es un perdón aparente y muchas veces resulta más perjudicial que benéfico, ya que es como si colocáramos la basura "bajo la alfombra".

Pero más allá de la apariencia, o sea, debajo de la alfombra, sigue estando la misma basura, sólo que empezará a pudrirse y entonces olerá mal.

Es entonces cuando aparece la enfermedad o el cáncer en el cuerpo. Porque sólo perdonaste en apariencia y no liberaste por completo el resentimiento, que después se transformó en odio generando el mal. Mientras no perdones verdaderamente, en el fondo seguirás sintiendo un coraje cada vez mayor, originando que quien fue maltratado, repita la misma experiencia pues resentimiento atrae resentimiento.

Hay personas que fueron maltratadas con mucha crueldad y viven resentidas no sólo con las personas que les hicieron daño, sino con todo el mundo y sienten la necesidad de liberarse del resentimiento lastimando a otros. No saben que para erradicar ese sentimiento deben perdonar y no dañar a otros, pero hay que tener el sincero deseo de hacerlo, de olvidar el daño sufrido, de liberar ese sentimiento tan dañino.

Conocimos a una joven señora que estuvo en un campo de concentración, donde la maltrataron despiadadamente por no comulgar con las ideas del gobierno. La torturaban quemando su cuerpo con cigarrillos encendidos y otras formas de tortura nada agradables de mencionar. Lógicamente, guardaba dentro de su alma mucho odio hacia esas personas y para sacarlo, inconscientemente maltrataba a su esposo y a su familia, con la gente con quien se relacionaba se mostraba muy agresiva, siempre a la defensiva. Cuando la conocimos y nos contó su historia, ya vivía fuera de su país y además eso había ocurrido hacía varios años, pero estaba muy presente en su memoria y con el sólo hecho de recordarlo, se ponía eufórica e histérica.

Le hicimos ver que su familia y los demás no eran culpables de lo que le había sucedido. Le pedimos que analizara sus actitudes y sentimientos hacia las personas que no habían participado en su experiencia, principalmente su familia. Sin duda, lo que vivió no era fácil de olvidar ni de perdonar. Al hablarle con palabras reconfortantes y argumentos válidos, reaccionó de manera favorable y dijo que iba a poner todo lo que estuviera de su parte para trabajar en el perdón.

Para este proceso utilizó una libreta. Diario escribía en ella lo que sentía hacia las personas que le habían causado daño y les decía lo injustas que habían sido, pero que ahora había decidido bendecirlas y perdonarlas de corazón. Los primeros días nos dijo que sentía más coraje, que era como si removiera el dolor que sentía por dentro; pero al paso de los días se calmó y se sintió más confortada.

Su familia fue la primera que notó el cambio que estaba teniendo lugar en ella, hasta su tono de voz era más tranquilo y suave, ya no había palabras hirientes ni de reclamo. Al cabo de seis meses de trabajo, ya había logrado trascender el odio con el bálsamo del perdón y ahora sólo sentía compasión por quienes la habían torturado. Haber perdonado de corazón, la ayudó a recobrar su paz mental.

CAPÍTULO IX

EN BUSCA DE LA SALUD

Si buscas en el exterior la salud para tu cuerpo, no la encontrarás porque es una actividad de la Mente Subconsciente, la cual creó tu cuerpo y tu poder interno; ella sabe qué y cómo hacer para conservarlo siempre saludable, si la parte consciente de la mente no interfiere.

Como sabes, nuestro Creador nos dotó de una mente, que tiene dos funciones esencialmente diferentes, con poderes separados y atributos distintos. Por lo tanto, tu Mente Consciente interfiere con el ritmo normal del corazón, los pulmones y el buen funcionamiento del estómago y de los intestinos. Esto se origina por la preocupación, ansiedad, temor, tensión o depresión.

Como son patrones negativos de pensamiento, interfieren con el funcionamiento armonioso de la mente subconsciente —que es el poder creativo y regenerativo del cuerpo, manteniéndolo saludable o enfermo. La enfermedad también proviene de la creencia de que tenemos un cuerpo material-carnal, o que vivimos con un cuerpo al que enferman gérmenes, bacterias y organismos virulentos del ambiente, todos ellos lo deterioran y hasta pueden destruir la vida que hay en él. Si tienes algunas de estas creencias y piensas en forma negativa, es necesario que tomes en cuenta lo que acabamos de decir.

Si deseas mantener sano tu cuerpo, debes cambiar las actitudes que tienes hacia él. Coopere con el cuerpo para que se mantenga armonizado. Principalmente, tienes que entender que tu cuerpo está dentro de la Vida, en lugar de creer que la Vida está en tu cuerpo porque lo más pequeño siempre está dentro de lo más grande, y lo más grande es lo que está dentro de nosotros.

Cuando adoptamos esta actitud, cuando nos mantenemos firmes en esta verdad, entonces nuestro cuerpo no se enfermará porque nada de lo que hay en el exterior puede enfermarlo, sólo las creencias y pensamientos negativos o enfermizos.

Ahí mismo, donde estás parado o sentado, está dentro de ti el mejor doctor que existe en el universo. Si deseas probar esta verdad, cuando enfrentes un problema de salud o de otra condición que no puedas solucionar humanamente, vuélvete a tu interior y acepta que ahí está la Gran Vida, que nada la contamina, Ella es perfecta y se conserva siempre íntegra, y que esa Vida es tu vida ahora. Esto hará que se movilice tu poder interno y retornarás al estado normal, que es la salud.

En cuanto a la solución de tu situación, la Fuente inagotable de sabiduría que hay dentro de ti, te dará la idea para que la resuelvas si está en ti hacerlo. De lo contrario, Ella se hará cargo de la misma y la solución llegará sin que intervengas. Entonces, la gente te dirá que surgió un "milagro", pero tú sabrás por qué sucedió.

TÚ ERES UN SER DIVINO

Alguna vez te has hecho esta pregunta: ¿Realmente acepto que soy una mujer o un hombre Divino?

El hombre Divino sabe que la Presencia y Poder de Dios moran dentro de cada persona, y que esta Presencia está siempre en todo lugar y cosas; comprende que no hay nadie más que Dios en el universo y que él es Su expresión. El hombre Divino cree que es el centro a través del cual la Mente Universal se expresa, y que el grado de esta expresión depende de su conciencia.

Ser uno con Dios es como ser el árbol que está plantado al borde de un acantilado, extrae lo que necesita de la Fuente invisible que todo le provee para que viva su ciclo de existencia. ¿Y cómo atrae el hombre Divino lo que necesita? Por medio de la fe, creencia y convicción. Llama a su vida sólo lo bueno, reconociendo que el Padre-Eterno es el proveedor ilimitado. El hombre Divino no juzga por apariencias, sino con juicio justo.

El hombre Divino no cree que Dios provee a unos y retiene lo bueno a otros; sabe que está tratando con una Ley, la cual le da según su creencia, y no con una persona. Cuando las cosas no van bien, no culpa a las personas, al tiempo, a las circunstancias, a las condiciones o a Dios.

Sabe que hay algo entre el Proceso Creativo y su experiencia personal que impide el paso a la Inteligencia Universal y que debe hacerlo a un lado. ¿Cómo lo hace? Substituyendo sus pensamientos negativos por positivos.

Por otra parte, el materialista culpa a todos y todo, pero nunca a sí mismo —siempre dirá que los demás están equivocados. El maestro Robert Russell afirma que el materialista dice cosas como estas: "¿Por qué no obtuve el trabajo que tanto deseaba? ¿Por qué me despidieron? ¿Quién será el jefe ahora? ¿Quieren mi puesto para un amigo del jefe? Etc."

Si te sientes culpable porque tienes esas reacciones, permítenos preguntarte:

- ¿Das gracias a Dios porque Él se expresa a través de ti y en todos tus asuntos?

- ¿Consideras que Él es tu socio en todo negocio?

- ¿Invocas Su Divina protección?

- Si tienes un rancho o plantíos de árboles frutales o bien flores:

- ¿Reconoces la cooperación de la Vida dentro de las semillas que plantaste? ¿O ni cuenta te das de esto?

Quizás evitas que Dios se exprese en tus asuntos. De esa forma, rodeas y cubres a tus árboles con el miedo a que los insectos y pestes los ataquen. ¿Qué imprimes dentro de tus árboles? Si tienes pensamientos negativos o expresas palabras como las siguientes: "este invierno parece que va a estar muy frío, temo que todo vaya a helarse", o bien: "no habrá suficiente lluvia este verano, parece que de nuevo voy a fracasar", seguro que así sucederá; entonces, tal vez hasta afirmes: "ya sabía que sucedería esto, lo presentí todo el tiempo".

Deja de preocuparte si deseas que tu huerto florezca y dé frutos. Dios está en todas partes, está presente en cada semilla, en cada idea, como la Fuente de Vida; así, todo produce. Eso es lo que necesitamos hacer, reconocer a la Fuente de Vida y cooperar con ella, en lugar de interferir con su fluir natural.

El hombre Divino no ve el tiempo o las condiciones externas cuando hace su trabajo, ya sea plantando semillas u otra cosa. Él sólo ve a Dios y a la Vida en las semillas; sabe en ellas existe todo lo necesario para desarrollarse y producir; nunca se desanima, no importan las condiciones o apariencias; sabe que la Ley Creativa siempre trabaja en su beneficio y nunca falla; reconoce y sabe que es Dios y que sólo Él es su Fuente infinita de abastecimiento.

Si tus creencias acerca de tu relación con Dios han sido de separación porque Él vive en el cielo y tú en la tierra, o le temes, es lógico que de momento no te consideres una mujer o un hombre Divino. Si es tu caso, entonces tienes que empezar a creer que eso no es verdad, puesto que esta creencia en nada te ha beneficiado; por el contrario, has experimentado cosas poco agradables.

Cuando tienes la creencia del sentido de separación, te sientes perdido, incomprendido, desorientado, las cosas no funcionan como deberían, te esfuerzas y vives carente de muchas cosas. Sin darte cuenta, te has alejado de la Fuente, te separaste del Eterno Dador, tomaste el rumbo equivocado como le sucedió al Hijo Pródigo, "vives en un lugar lejano", apartado del hogar paterno.

En realidad, la separación existe sólo en la mente porque como comprenderás, desde el mismo momento en que estás vivo, quiere decir que lo que llamas "mi" vida, no es tuya, sino la Vida de Dios que vive en ti, y esta Vida nunca se ha separado de ti. Si fuera de esta manera, no estarías viviendo, así de simple. Lo aceptes o no, lo creas o no, ésta es la Verdad.

Si deseas que las cosas cambien para tu bien, debes empezar a reclamar lo bueno que quieres vivir o experimentar, asimismo debes de aprender a dar gracias por ello y por todo. Pero tal vez dirás: "¿cómo reclamo algo o doy gracias por algo que no tengo, cuando no hay evidencia visible de ello?

Claro que al principio es difícil de comprender porque nos parece una total falsedad. Pero hay un importante principio involucrado en esta declaración: "Yo reconozco que como Hijo de Dios que soy, reclamo mi derecho divino de tener todo lo necesario para vivir y disfrutar todo lo bueno. ¡Ahora!". ¡Pruébalo! Y verás los resultados.

Cuando haces la declaración de que todas las cosas que necesitas para vivir feliz ya las tiene —aun sin verlas— no te refieres a la personalidad "mí" o mi mismo, sino al "Yo", el Ser verdadero en ti, o sea el hombre invisible, el perfecto Yo Soy, el que siempre ha sido y será. Cuando hablamos del hombre invisible nos referimos al ser espiritual que es inseparable a la Fuente de abastecimiento.

Hay una gran diferencia entre personalidad e individualidad. Cuando comprendemos esta diferencia, vemos que el "Yo" Real es y será siempre uno con "El Padre" espiritual, y que en esta unidad no existe separación; en cambio la personalidad o el "mí", es sólo una expresión.

Lo humano que hay en nosotros o, como le llamamos también, el cuerpo físico, lo carnal, no tiene vida propia, la recibe del espíritu que lo sostiene, y aun sin reconocerlo, la persona sigue viviendo, a esto podría llamársele el "milagro" de la vida. En esta conciencia de personalidad, el ser humano o el "mí", se expande en una gran proporción, que toma posesión total del hombre. Por esta razón hay personas que piensan que el "mí" es todo lo que son, ignoran que el Ser que vive en su interior es El Cristo Eterno, o el verdadero Yo Soy. Cuando comprendas esta Verdad, también declararás: *"Todas las cosas que El Padre tiene, son mías"* o *"Yo por mí, nada puedo; El Padre que mora en mí, Él hace las obras"*.

Para nadie es fácil aceptar o creer esto, pero es de suma importancia que hagas lo posible por ponerlo a prueba. Si otros lo han hecho y les ha funcionado, no eres la excepción porque El Creador no tiene favoritos, a todos nos dio el mismo poder; en consecuencia, la realización depende de nosotros, de nadie más. Es una "prueba", si así deseas llamarle, pero siempre llevarás todas las de ganar.

Como Dios es una unidad con Su creación, entre la que estamos los seres humanos, debes de declarar que también eres uno con Él, la Fuente inagotable de lo Bueno. De esta manera, cuando afirmes que lo bueno que deseas ya es tuyo, estarás hablando la Verdad absoluta, que es tu

Ser-Real, el Cristo-morador, merecedor de disfrutar todo lo bueno humanamente.

Cuando la humanidad comprenda esto, cuando la conciencia del "mí" o "lo mío" se convierta en "Tú-y-Yo" uno somos, entonces automáticamente la ley mental empezará a trabajar para darnos el resultado del deseo de cualquier cosa. Mientras no suceda, continuarás enfermo, limitado y pasarás mucho tiempo tratando de demostrar la verdad.

Pero no desfallezcas, ni te frustres porque no ves resultados instantáneos, responde a estas preguntas:

1. ¿Cuántos años has vivido pensando negativamente?
2. ¿Cuánto tiempo llevas dependiendo de personas, cosas y circunstancias?
3. ¿Cuántos fracasos has tenido en la vida?
4. ¿Cuánto tiempo de tu vida has estado enfermo?
5. ¿Hace cuánto viviste un año sin deudas, sin preocupaciones y sin problemas?

Si la respuesta de la primera pregunta es que llevas muchos años pensando de manera negativa, no quieras que las cosas cambien para lo mejor de la noche a la mañana, nada más porque has pensado positivamente unos días. El cambio sucederá en forma gradual, si continúas haciéndolo; recuerda que Roma no se construyó en un día, dice un dicho. Supongamos que te ordenan derrumbar un edificio de diez pisos, piso por piso y sin gente que te ayude, tienes que hacerlo solo. ¿Lo harías instantáneamente?

De igual manera sucede con tu pensamiento negativo, sólo aprende a controlarlo; vigila tu pensamiento cada vez que puedas, mantenlo en una observación constante y cuando consideres que es negativo, de inmediato analízalo y dile que en tu mente ya no hay más cabida para él, que de ahora en adelante se ocupa de cosas positivas y constructivas, y déjalo que siga su camino.

Si la respuesta a la segunda pregunta es que has estado dependiendo de los demás, no será fácil desligarte de esa dependencia, pero por tu bien y salud rompe con ella. De ahora en adelante y como ya se te ha dicho, la Fuente de tu provisión o abastecimiento es Dios a través de las personas, de tu trabajo, de la institución, etc. Pero siempre debes de estar consciente y agradecido que de ahora en adelante lo que tú recibes proviene de la Fuente inagotable, que es Dios. Una vez establecida dentro de ti esta Verdad, será permanente en tu vida.

La tercera pregunta se relaciona con los fracasos; es natural que todos de una u otra forma hayamos fracasado en algo, pero hay personas que con un solo fracaso se frustran y piensan en el siguiente fracaso, sin darse cuenta están originando que así sea. En cambio, el que se empeña y afirma que nunca más volverá a fracasar, consigue superar el fracaso y lo toma como una gran experiencia. Pero cambió de actitud y sabe que un éxito trae otro éxito. Al cambiar su pensamiento cambia los resultados.

En la cuarta pregunta acerca de la enfermedad, también todos hemos padecido una enfermedad o hemos estado enfermos alguna vez, pero eso no quiere decir que sea normal que permanezcamos enfermos, de ninguna manera. Lo normal es estar sano y es anormal estar enfermo. La salud es el estado regular del ser, y si la enfermedad se originó es porque el individuo piensa negativamente o cree en la enfermedad misma, y eso origina que la experimente. La mente crea lo que piensas, sea verdadero o falso; así se hará porque es la mecánica del poder que poseemos.

Y la quinta pregunta, consideramos que no hay un solo hombre en el mundo que viva la vida a plenitud, que es el derecho divino de todos por igual. No dudamos que existan personas que vivan una vida a todo lujo, con posesiones y toda clase de comodidades; pero si no entienden que lo que poseen proviene de la Fuente o del Padre-Espiritual, sin duda no lo disfrutarán plenamente porque les faltará salud, buenas relaciones, armonía o la ansiada paz mental.

Para que haya un balance perfecto en todo, lo espiritual debe ser la base o el fundamento. Nosotros sabemos que lo externo está en un constante cambio, pero lo espiritual siempre es igual y permanente. No está sujeto al tiempo ni a cambios, como sucede en el mundo exterior.

Sí, tú puedes sanar a través de la mente porque ya tienes el poder necesario para hacer los cambios correspondientes y llegues a la realización consciente de tu "Yo" verdadero; entonces, dando gracias a Dios le dirás: *"Gracias Padre por la feliz realización de todos mis objetivos, los cuales serán hechos visibles en el tiempo y momento correcto. Yo lo creo, yo lo acepto, sabiendo que Así Es".*

El primer paso de la transición del "mí" al "Yo", es saber que eres uno con Dios y que todo lo que Él tiene es tuyo. Reclamar este derecho con gran sentimiento y convicción, no como el "mí" limitado sino como el "Yo" que no tiene límite, que eres dentro de la Verdad.

El segundo paso es vivir en esta Verdad hasta que el "mí" lo acepte. "Ve" en el teatro de tu mente los deseos realizados. Asume la actitud de que tu deseo se manifiesta instantáneamente. Eleva tu conciencia a donde puedas decir con certeza que tu deseo ya ha sido satisfecho, y así será, o como dijera Jesús: *"Te será dado en la medida que tú creas"*.

CAPÍTULO X

TESTIMONIOS

SANANDO UNA DEPRESION NERVIOSA

Hace algunos años tuve problemas familiares y a raíz de esa desarmonía, yo me enfermé de los nervios. Como no podía salir de esta condición, fue necesario que acudiera a la ayuda médica. Estuve tratándome con varios neurólogos y a pesar de que tomaba los medicamentos que me prescribieron, tranquilizantes, antidepresivos y pastillas para dormir, mi salud era cada vez más angustiante. Cuando le conté mi situación al último de los doctores que consulté, me dijo que mi problema era de origen psicológico y que me llevaría tiempo sanar.

Mi peso disminuía cada vez más, pues no podía ingerir los alimentos, de 70 kilos bajé a 35. En varias ocasiones me habían invitado a tomar clases en la Ciencia de la Mente, donde me decían que iba a recuperar la salud, pero nunca quise asistir. La desesperación era tal, que me acerqué a la maestra Alida y al maestro José, codirectores de esta ciencia mental, y gracias a Dios y a ellos, a través de las terapias recibidas, logré recuperar mi salud.

Hoy tengo mi peso normal y tomo clases en el Instituto de Ciencia de la Mente, donde cada vez reafirmo más mi salud.

Graciela.

SANADO DE UN INFARTO

Doy gracias a Dios por haber encontrado esta gran Verdad, que llegó a mí a través de los estudios que he hecho en la Ciencia de la Mente. Darme cuenta de la Verdad, de que soy una verdadera Hija de Dios, me ha liberado de todo temor, dolor y de lo negativo que tenía.

El día 7 de Septiembre de 1998, mi esposo sufrió un infarto, los médicos hicieron maniobras y le dieron choques eléctricos para salvarle la vida. Afuera del pabellón de urgencias, empecé a orar por la salud de mi esposo, haciendo el tratamiento mental espiritual que aprendí en la escuela. Después de haber reconocido a Dios como la Fuente de Salud, acepté que la vida de mi esposo también era Su Vida y que nada podía afectarla. Elevé mi pensamiento fuera de la apariencia y di gracias al Creador por la salud perfecta de mi esposo, dejándola en Sus manos y que se hiciera Su voluntad, no la mía.

Dos días después, a las 10:30 de la mañana y luego a las 6:30 de la tarde, le dieron dos infartos más. Uno de los doctores de Terapia Intensiva que lo había atendido, me habló y me dijo que me daba sólo un 10% de probabilidades de que mi esposo sobreviviera —en mi mente negaba lo que me decía y afirmaba que sólo aceptaba el 100% de su salud. Luego me dijo que si sobrevivía sería con la secuela de mente o parálisis en alguna parte de su cuerpo —seguía negando y rechazando mentalmente su diagnóstico.

Desde el momento que puse a mi esposo en las manos de Dios, no permití que mi fe se derrumbara y aun ante las apariencias, seguí firme, confiando que en mente, cuerpo y espíritu, estaba manifestándose la Vida de Dios en la de mi esposo. Al no responderle nada, el doctor me dijo: "Señora, ¿ entiende lo que estoy diciéndole? Le doy mi punto de vista según los análisis, radiografías, medicamentos y lo que se le ha hecho a su esposo." Yo le contesté: "Sí le entiendo doctor, le agradezco su atención y acepto su punto de vista, pero confío en que Dios haga que las cosas cambien para bien."

Tres días y medio después de haber hablado con el doctor, volvió a llamarme y me dijo: "Señora, estoy asombrado del pronto restablecimiento de su esposo, vamos a pasarlo a otro piso para su recuperación. ¿Se acuerda que le dije que le daba un 10% de probabilidades de vida a su esposo? Bueno, se lo dije como consuelo porque para mí, en aquel momento, no pasaba la noche; pero mírelo, aquí está aún con vida y le digo que ya pasó lo peor, está fuera de peligro". Luego agregó: "No cabe duda que es una mujer con fe".

Gracias a Dios, a mis maestros Alida y José, a mis compañeros de estudio y oración, mi esposo volvió a su vida normal sin ninguna secuela. Una vez más, estoy convencida que Dios nunca deja de responder a nuestras oraciones si ponemos nuestra fe, creencia y convicción en Él. Nuevamente gracias Dios, muchas gracias.

M. Isabel

SANADO DE UNA PARÁLISIS DE CUERPO

Me es muy grato compartir con ustedes, a través de este libro, el testimonio sobre cómo recobré mi salud. Debido a una causa hasta hoy desconocida para mí y para los doctores que me atendieron, hace siete años se me paralizó la mitad del cuerpo, incluyendo los músculos interiores de deglución —estos músculos son reflejos involuntarios— para los que no hay ejercicios físicos de rehabilitación —según se me informó.

Gracias a Dios y a mi esposa, quien llamó por teléfono a los maestros de Ciencia de la Mente Alida y José L. Sosa para avisarles que estaba hospitalizado, asimismo les comunicó la condición por la que estaba atravesando. De inmediato acudieron al hospital y me hicieron un tratamiento mental espiritual para que recuperara la salud.

Me considero una persona positiva y con fe, además ya tenía algunos conocimientos de cómo funciona la mente —pues mi esposa toma clases en esta escuela—, así que me dijeron que era el momento de poner mi fe y confianza en Dios y Su poder sanador, que desde ese mismo momento pusiera mi vida en Sus manos, sabiendo que *"Con Dios, todo es posible"*.

A pesar de los diagnósticos médicos nada favorables, quedé muy reconfortado con las oraciones hechas por los maestros y mi esposa, y dejé fuera de mi mente toda preocupación respecto a mi salud, confiando en que Dios se había hecho cargo de ella.

Me dijeron que el poder divino dentro de mí había creado mi cuerpo y que sabía qué y cómo hacer para restaurar y rehabilitarlo hasta regresarlo a su estado normal de salud perfecta. Para no interferir con este proceso, no permití que nada perturbara mi fe y confianza en este poder.

Gracias a Dios y a este proceso mental que se siguió, así como la contribución de los doctores, la ciencia médica y los medicamentos, superé la crisis por la que pasé, me dieron de alta del hospital y me fui a mi hogar para la recuperación final.

Los maestros continuaron visitándome y haciendo oración por mi completa recuperación, también me enseñaron a aplicar bien los principios metafísicos que enseña la Ciencia de la Mente. Me dijeron que debía enfocar mi fe, creencia y convicción en el poder interno, que haría realidad mi deseo y que *"de acuerdo con mi creencia"* la salud me sería dada.

Todo continuó en su forma normal y gradual, el resultado no se hizo esperar, fue ¡sorprendente! De no poder moverme, hablar ni comer, mi cuerpo empezó a moverse normalmente respondiendo a los impulsos. El habla se normalizó y podía ingerir los alimentos con menos dificultad cada vez, hasta que quedé como antes.

Recuerdo que uno de los doctores que me atendió en el hospital, le dijo a mi esposa que su madre había pasado por una situación parecida a la mía, que nunca se recuperó y había quedado paralizada de la parte media del lado izquierdo del cuerpo. Claro que nunca le di cabida en la mente a este relato, siempre mantuve la fe y la seguridad de que iba a superar esa condición.

Seguí las indicaciones de la ciencia médica, pero puse mi atención en lo que estaba pensando, en lo que realmente deseaba tener; por lo tanto, siempre di gracias a Dios por mi salud completa y perfecta, aunque de momento no la tenía.

Por supuesto que cuando te encuentras en una condición como la que experimenté, no es fácil dejar fuera del pensamiento la enfermedad que padeces y te causa dolor físico, pero si te lo proponemos puedes mitigar o desechar ese dolor, cambiando tu forma de pensar, como dice una declaración de esta ciencia mental, *"Cambia tu manera de pensar y cambiará tu vida"*.

Deseo es que ustedes, igual que yo, aprendan y practiquen los principios metafísicos o espirituales que enseña la Ciencia de la Mente, para que no tengas necesidades ni problemas en la vida. Si tienes este conocimiento y lo aplicas correctamente en el diario vivir, jamás crearás problemas o condiciones, y si enfrentas alguno, con toda facilidad lo superarás porque para todo problema hay ya una solución.

Por todo lo antes dicho, ¿para qué esperar a tener problemas, si podemos utilizar esta ciencia para evitarlos? Ustedes deciden, yo los invito a que lo prueben y obtendrán resultados, como yo.

E. Garza

SANADA DE INSOMNIO

Inicié mis estudios en la Ciencia de la Mente a través de una amiga y ahora compañera de esta maravillosa filosofía, que nos enseña a cambiar nuestra forma de pensar —de negativo a positivo— para la realización de los objetivos deseados.

Al principio de este estudio, me di cuenta de las ideas erróneas que traía en la mente, y tuve que reflexionarlas para hacer los cambios necesarios. Gracias a Dios, a mis maestros Alida y José L. Sosa, y a mi firme decisión de hacerlo, modifique muchos hábitos nada agradables que inconscientemente había establecido en mi subconciencia, no sabía cómo rechazarlos. Al establecer los nuevos conceptos correctos y afirmándolos una y otra vez, empecé a ver los resultados.

Por cerca de nueve años padecí de insomnio, pero gracias a Dios, a los principios espirituales que nos enseña esta ciencia y a su sincera práctica, superé esta condición. Las personas que han pasado por esto me entenderán, ya que no es fácil explicar qué se siente cuando padeces insomnio. Es una condición desesperante e indeseable. Cuando tienes sueño y no puedes dormir, te angustias en vez de sobreponerse. Ahora tengo la respuesta al porqué me sucedía esto que yo no quería. Inconscientemente declaraba lo que no deseaba: *"no puedo dormir"*, *"tengo sueño, pero no puedo dormirme"*.

Estos eran los pensamientos negativos no deseados que estaba afirmando, y como el poder subconsciente sólo obedece y crea para nosotros lo que escogemos —no razona ni tiene la capacidad de rechazar—, sea bueno o malo, estaba usando mi poder para obtener lo que quería, recurría a él para prolongar mi angustia al afirmar *"no puedo"* en vez de afirmar *"yo tengo sueño"*, *"yo puedo dormir en paz"*.

En una de mis primeras clases, le comenté al maestro lo que estaba experimentando y me dio una oración para que la pusiera en práctica al momento de irme a dormir. Me dijo que unos diez o quince minutos antes de acostarme la repitiera cuantas veces pudiera, pero que lo hiciera convencida de que la oración era mi mejor medicina y que iba a producirme el sueño y la paz mental que tanto deseaba.

Lo hice noche tras noche por tres semanas. Cada vez que la decía la *sentía* más y más, hasta que me convencí sola de que lo que estaba repitiendo era la verdad, mi verdad. ¡Entonces el resultado llegó! La última noche que la hice me quedé tan profundamente dormida, que no desperté y a partir de entonces, el insomnio así como llegó desapareció.

Otra vez le doy gracias al Creador por haberme permitido llegar a esta maravillosa Verdad, que me ha liberado para siempre del insomnio y de muchas falsas creencias, supersticiones y sugestiones, así como de todo sentido de separación de mi bien.

Ahora estoy convencida que nuestros males son el producto de la ignorancia, de no saber quiénes somos realmente y del potencial que poseemos para cambiar las cosas y disfrutar la vida a plenitud.

A ti, que lees este libro, te invito para que pongas a prueba tu fe de una forma constructiva en vez de usarla negativamente, como la usé yo. Tienes la capacidad suficiente para hacer los cambios necesarios —si lo decides— y vivir una vida saludable y feliz, como yo la disfruto ahora.

Ésta es la oración que hice: *"La noche es llenada con la Paz Celestial. Todo descansa en completa paz. Yo envuelvo a mi ser con el manto del Amor y caigo dormida, llena de esta paz. Nada interfiere en mi sueño porque la Paz Divina está conmigo y yo ahora descanso y reposo en un profundo sueño. A través de la larga noche, la paz permanece conmigo y al despertar al nuevo día, aún sigo cubierta por la paz, vida y amor divinos. Gracias Dios porque Tu Paz se ha establecido en mí ahora y nada puede perturbar mi sueño. Mi ángel guardián vela y cuida mi sueño. Yo iré adelante dentro del nuevo día, confiada y feliz porque la Paz Celestial camina conmigo y yo voy siempre segura, confiada, relajada y en paz. Y así es, amén".*

Paula Martínez Torres.

SANADO DE UNA PARÁLISIS FACIAL

Soy alumno del Instituto Dr. Ernest Holmes, A. C., Ciencia de la Mente Monterrey desde hace varios años. Gracias a Dios, al estudio y aplicación de los principios metafísicos / espirituales que enseña esta ciencia, he realizado varios objetivos.

Mi profesión es la de Contador Público. Hace tiempo trabajaba en un despacho para un arquitecto, quien había tomado clases de esta ciencia mental por un tiempo. Ahora sé que lo semejante atrae a lo semejante porque desde que me entrevistó me contrató, y estuve a su servicio dos años, tiempo suficiente para incrementar mi aprendizaje dentro de la profesión.

En cierta ocasión, al regresar a la oficina después de realizar unos trámites bancarios, hacía mucho calor en la calle, pues era época de verano, y yo venía sudando. Cuando entré a la oficina, me paré frente al aire acondicionado para refrescarme, y casi de inmediato la mitad izquierda del rostro se me paralizó.

Tenía la misma sensación como cuando iba con el dentista y me anestesiaba la parte de la boca que me iba a curarme, y recuerdo que me gustaba sentirme de esa forma, sólo que ahora era diferente porque no estaba anestesiado; pero llegué a la conclusión de que yo mismo había provocado esa condición —en mi subconsciente guardaba el recuerdo de que *"me gustaba"* estar así.

Al ver que el rostro se había volteado casi hasta media cara hacia el lado izquierdo, mis compañeros se alarmaron y me recomendaron que fuera a ver al doctor. Cerca de la oficina un doctor amigo mío tenía su consultorio y acudí a él rápidamente. Por supuesto, se sorprendió mucho cuando me vio y me dio cita para que lo consultara al día siguiente por la mañana en una de las clínicas del Seguro Social donde también trabaja.

Aun cuando mi aspecto no era el que deseaba, me decía a mí mismo hasta convencerme que no tenía nada, que estaba bien y que esa parálisis facial era sólo una falsa apariencia. Eso era lo que yo creía y lo había procesado en la mente, pero mi esposa, hijos, hermanos y cuñados se aterrorizaron al verme.

Cada uno de ellos daba su propio punto de vista y cuando les decía que no se alarmaran que todo estaba bien, era peor, decían que estaba fuera de mi razón. Por supuesto que algunos —por no decir todos— se molestaron mucho conmigo.

Una de mis hermanas me recomendó que viera a un especialista, lo consulté pero según él con la rehabilitación que me dieran en el Seguro Social iba a mejorar; así que seguí sus instrucciones, acudí a tomarlas según me había indicado ya mi amigo, el primer doctor que había visto. Uno de mis hijos me llevaba todos los días a las seis de la mañana.

Ese fin de semana los maestros del Instituto, Alida y José, cofundadores del mismo, nos invitaron a un Retiro/

Seminario el sábado y domingo en una quinta campestre cerca de la ciudad. Cuando le comuniqué a mi esposa que íbamos a asistir, no lo tomó en serio, pero aun en contra de su deseo me acompañó. Ahí, los maestros y los asistentes oraron por mi salud.

Seguí al pie de la letra las instrucciones de la ayuda que se proporcionaba —yo sabía que era Dios a través de las personas y medios quien lo hacía—; tampoco dejé de asistir a la rehabilitación, y hacía lo que los maestros me habían indicado, que realizara mi propio tratamiento mental espiritual aceptando la perfección en todo mi cuerpo, principalmente en mi rostro. Ya para entonces conocía el método de la oración científica.

Todos los días realizaba mi tratamiento mental y en el tercer paso de la *"Realización"*, me visualizaba perfecto. A la semana siguiente apareció el resultado, la condición desapareció. Todos se sorprendieron cuando vieron que mi rostro era otra vez normal, sin parálisis, tenía la movilidad de siempre, según la idea divina como fue creado desde un principio.

Cuando nos atemorizamos ante una condición y aceptamos el mal o la dificultad en lugar de ver la solución, no la superamos, sobre todo si nos dejamos influir o aceptamos el veredicto de quienes nos rodean, que ven sólo la apariencia; así no nos ayudan.

Tenemos que negar la apariencia y trascenderla espiritualmente para ver la Realidad. Los estudiantes de esta ciencia mental sabemos que detrás de la enfermedad está la salud, detrás de la tristeza está la alegría, detrás de la pobreza está la riqueza, y que detrás de la apariencia está la Realidad —con Realidad denominamos lo que *es* y *será* por siempre igual, lo espiritual.

Si comprendemos que no somos sólo seres humanos, sino principalmente seres espirituales, entonces nuestra verdadera esencia, que es espiritual, se manifestará en el cuerpo, que es el reflejo o expresión perfecta y única. Y hasta en tanto no lo logremos, seguiremos estando expuestos a ver la apariencia como si fuera una realidad.

Le doy gracias a Dios y a mis maestros por compartir con nosotros esta maravillosa filosofía, que nos ha liberado para siempre de falsas creencias y limitaciones.

Roberto

SANADA DE LEUCEMIA

Gracias a Dios y a mis estudios en el Instituto de Ciencia de la Mente, después de mi retiro voluntario vino un reajuste económico pasajero en mi vida, pero mi perspectiva mejoró de manera notable con este estudio. Practicando mentalmente lo que aprendía, acepté llevar a cabo un merecido viaje de vacaciones con mi familia, en un tour que organizan todos los años los maestros de esta escuela con destino a Tulum, Quintana Roo. Un maravilloso lugar que en la antigüedad fue un centro ceremonial de la cultura Maya.

Como nuestro Padre-Celestial siempre nos escucha y concede lo que es para nuestro mayor bien, las cosas se facilitaron para que hiciéramos nuestro merecido viaje, en el que estaba incluida mi esposa María Luisa y mi hija Ana. La felicidad se reflejaba en el rostro de los que asistimos (75 personas), se respiraba un ambiente de armonía y felicidad; por las mañanas hacíamos meditaciones y hubo charlas muy amenas y positivas. A pesar del ambiente maravilloso que se sentía, a mi esposa se le veía muy retraída y poco participativa con el grupo, no obstante mi hija y yo le insistíamos que cambiara de actitud.

De regreso a casa, mi esposa empezó a sentirse cada día más y más decaída. Una noche me dijo: "mira, tengo unas ampollas en el cuerpo". Cuando la observé le dije: "todo tu cuerpo está lleno de ampollas. Vamos al hospital para que te examinen". Cuando llegamos al hospital, la mantuvieron en observación toda la noche y al día siguiente la trasladaron a uno de especialidades.

La doctora encargada del área donde llevaron a mi esposa, le hizo un reconocimiento de su estado y me llamó para decirme: "Su esposa presenta todos los síntomas de leucemia. El nivel de plaquetas en la sangre está muy por debajo de lo normal, igual que los glóbulos blancos".

Al momento de oír el veredicto que la doctora me daba, me sentí un poco perturbado pero luego reaccioné y dije para mis adentros: *"Yo no acepto lo que la doctora está diciendo, yo sé que María Luisa es una maravillosa Hija de Dios, por lo tanto el espíritu que la sostiene no reconoce la enfermedad, es sólo apariencia y ésta no tiene permanencia por sí misma. Sé que su sangre es pura y perfecta la cual está irrigando todo su cuerpo en perfecto orden divino".*

Los maestros oraron por ella y los miércoles en el Ministerio de Oración, orábamos por su bienestar. Como siempre tenía que estar un familiar a su lado, yo le hacía compañía en las noches y al mismo tiempo hacía mi tratamiento mental espiritual, visualizándola perfecta. Así transcurrieron cuatro semanas.

Sentía mucha seguridad cuando expresaba mi palabra dando gracias a Dios por la perfección de mi esposa. Había ese *"algo"* dentro de mí que me aseguraba que muy pronto iba a recobrar su salud completa. Ahora sé y estoy más que seguro que nuestra palabra tiene un gran poder cuando nos unimos al Gran Poder —Dios.

Al cumplirse un mes de su internado, la dieron de alta. Su recuperación fue un "milagro" para los doctores que la atendieron. Las plaquetas, así como los glóbulos rojos y blancos estaban ya por encima de lo normal. Nuestros familiares tampoco podían creer lo que había pasado, no se explicaban cómo en tan corto tiempo mi esposa había recobrado la salud.

Yo sí sé y estoy plenamente convencido que aun en este tiempo existen lo que llamamos "milagros", sólo que ahora tengo la respuesta al porqué surgen. Es el uso correcto de la ley mental o poder creativo que hay en cada uno de nosotros, que creó nuestro cuerpo y este poder, sabe regenerarlo y mantenerlo en perfectas condiciones cuando así lo declaramos con fe, creencia y convicción.

Gracias a Dios, a los doctores, a la ciencia médica, a mis maestros y compañeros de oración, ahora mi esposa goza de una radiante salud. Ya hemos hecho otros tres viajes con el grupo a Huatulco, Oaxaca; Nueva York; Canadá, y este último viaje a "Las Hadas" en Manzanillo, Colima. Y estamos listos para el siguiente. Ahora sé que la vida es maravillosa y que nos da exactamente lo que tomamos de ella. Espero que ustedes también decidan cambiar su forma de pensar para que transformen su vida y la vivan felices.

Roberto Esquivel Valdés.

SIN ESPERANZAS DE VIDA

Hace ya tres años, recibí la llamada de una amiga, que es enfermera en Matamoros, Tamaulipas., de quien me hice amiga cuando viví en esa ciudad. Su llamada me sorprendió porque habían pasado varios años sin que tuviéramos contacto, y me dio gusto escucharla.

Con voz un poco entrecortada me dijo: "no te hablé sólo para saludarte, si no para informarte que a tu papá lo internaron hoy aquí en el hospital. Yo estaba de guardia y lo recibí, lamento decirte que su estado es muy grave, sufrió un infarto al miocardio y eso es muy delicado, tanto que no hay esperanzas de salvarle la vida. Perdona la frialdad de mis palabras, pero es necesario que te lo diga para que te prepares. Avísale a la familia y si tienen posibilidades, vénganse de inmediato y tú también, si deseas y puedes".

Le avisé a mi mamá, a mis hermanos y a mis tíos. Nos trasladamos de Monterrey, N. L., —lugar donde radicamos— a Matamoros en automóvil, dos de mis hermanos y mi tía Alida —cuatro horas de camino—; durante el viaje, mi tía propuso que en lugar de llorar y preocuparnos, nos uniéramos a ella para darle gracias a Dios porque mi papá estaba fuera de peligro, y que toda la asistencia médica que él requería en esos momentos, a través de los doctores, enfermeras y medicamentos, Dios estaba proporcionándosela.

A ella estaba muy tranquila, no se le notaba que estuviera muy preocupada, yo sabía lo mucho que ella quería a mi papá. Al asumir esta actitud, me demostró que verdaderamente tenía mucha fe y confianza en Dios, y que Él estaba haciéndose cargo de la vida de papá. Esas cuatro horas de viaje me parecieron cuatro días.

Cuando llegamos al hospital y preguntamos por papá, lo primero que nos dijeron fue que no había esperanzas de salvarle la vida. Que dado el estado de salud tan delicado en el que se encontraba, iban a permitir que pasáramos a hablar con él de uno en uno nada más un minuto. Aunque nosotros, por ser sus hijos, teníamos que pasar primero, decidimos que fuera mi tía la que entrara para que orara con él, y así lo hizo.

Entró y después de saludarlo, le dijo que iba a hacer un tratamiento mental espiritual dando gracias a Dios por su salud. Después de que salió, nos dijo que se había quedado muy tranquilo, pero ya no permitieron que nadie más pasara. Enseguida, mi tía dijo que siguiéramos orando, en silencio, cada cual a su manera; que recordáramos que nada más íbamos a continuar dándole gracias a Dios porque todo estaba en orden divino. Así, mentalmente nos unimos en oración, sentados en el hospital.

Mi tía se las ingeniaba para verlo cada dos horas, oraba y le daba gracias a Dios porque Él le daba el pase para verlo. Así transcurrió esa primera larga noche.

Como a las 6:00 de la mañana, le retiraron el oxígeno porque gracias a Dios ya podía respirar perfectamente por sí mismo. Durante el día fue recuperándose de forma maravillosa, y al tercer día salió del hospital caminando por su propio pie.

Mi amiga estaba asombrada con la evolución de mi papá, los doctores que lo trataron no daban crédito a su rápida recuperación. Después de ir al departamento de pases foráneos, le dijeron que iban a trasladarlo en una ambulancia a la ciudad de Monterrey a la clínica 33 del Seguro Social, para programarlo para una operación de corazón abierto porque tenía cinco arterias obstruidas.

Nosotros continuamos orando agradeciendo a Dios por su salud perfecta. Por fin llegó el día de la operación, fue un rotundo éxito. Cuando el doctor terminó la operación, que duró diez horas, se dirigió a mi tía Alida y dijo: "Nunca me imaginé que respondiera tan bien su hermano. Estoy sorprendido, no hubo ninguna complicación. No opero a personas con cinco arterias obstruidas porque de antemano sé que es inútil, pero gracias a Dios todo salió bien. Esperemos que continúe respondiendo a todo de manera favorable." Todos afirmamos mentalmente, que desde luego todo resultaría de acuerdo con el plan divino que Dios tiene para mi papá.

Su recuperación fue rápida y total para sorpresa de todos los doctores que intervinieron en la operación. También para nosotros fue una alegría indescriptible. Actualmente mi papá sigue su vida normal, continúa trabajando en la misma empresa con el mismo entusiasmo de siempre.

Ahora lee mucho y aplica los conocimientos que enseña la Ciencia de la Mente. Es una persona a la que siempre le ha gustado estar ocupada, aun en sus ratos libres le agrada estudiar y hacer investigaciones en diferentes campos.

Por medio de este testimonio, queremos agradecer a Dios y a las personas que oraron para que mi papá recuperara la salud. Principalmente a mis tíos Alida y José, maestros y cofundadores del Instituto Dr. Ernest Holmes de Ciencia de la Mente Monterrey, por su valiosa intervención con sus oraciones.

Yo estaba un poco renuente a practicar esta filosofía, pero con lo que pasó ahora no me pierdo una sola de las clases; al aplicar los principios que aquí enseñan, he comprobado los cambios positivos en mi vida para mi bien y el de mi familia, y como dicen los maestros, ahora también puedo afirmar: *"Para Dios nada es imposible"*. Gracias Dios, muchas gracias.

Alma L. Rodríguez.

CAPÍTULO XI

MÉTODO PARA RELAJAMIENTO/FISICO

Antes de hacer tus oraciones, sugerimos que busques un lugar en el que estés tranquilo, ya sea en tu oficina o bien en tu hogar. Procura que la luz que alumbra la habitación no sea muy fuerte, de preferencia que sea ténue, como una lámpara de pie junto a un sillón o reclinable donde puedas sentarte cómodamente.

Comunica a las personas que te rodean que el tiempo que dure tu oración, no deben de interrumpirte. Si hay teléfono, desconéctalo y si usas celular, ponlo en pausa o apágalo. Esto lo hacemos con el propósito de que nada te perturbe, ni desvíe tu atención y así tus oraciones tengan mejores resultados.

Es importante que en ese momento tu mente esté libre de las preocupaciones o los problemas que estés enfrentando. Trata por todos los medios de no pensar en ellos, sólo centra tu atención en lo que estás haciendo. Tu cuerpo tampoco debe de tener ninguna tensión, por lo tanto relájalo lo mejor posible.

Usa tu propio método, si te ha dado resultado; de lo contrario, paractica el siguiente: Ya que estés sentado cómodamente, empieza por hacer tres respiraciones suaves.

Mientras las hagas, piensa que inhalas la Vida de Dios y al exhalar, eliminas lo negativo que hay en tu cuerpo.

Vamos a empezar: Respira suave y profundamente por la naríz... detén un poco el aire y... suéltalo poco a poco por la boca.

Respira de nuevo, detén un poco el aire y... suéltalo poco a poco por la boca.

Una vez más, respira suavemente... detén un poco el aire... ahora suéltalo poco a poco por la boca.

Sintiendo que poco a poco se relaja tu cuerpo, continúa afirmando lo siguiente:

"Yo ahora me mantengo tranquilo, sereno, relajado y en paz"

"Yo sé que el Espíritu Divino que mora en mí, está a cargo de mi vida y de todos mis asuntos, por esta razón mi mente está libre de preocupaciones, llena de completa paz, en perfecta calma y armonía".

Ahora que liberamos de la mente toda preocupación, vamos a relajar el cuerpo. Debes saber que tu cuerpo responde a tu pensamiento y palabra, siempre te da los resultados de tu habitual pensar, manteniéndote en perfecta salud o con una salud nada envidiable.

Para relajar el cuerpo, centra la atención en tus pies y ordénales: Relájense, relájense, relájense. Enseguida, ordena a tus tobillos: Relájense, relájense, relájense.

Continuamos con las piernas, ordénales: Relájense, relájense, relájense. Ahora a las rodillas ordénales: Relájense, relájense, relájense.

Sientes como si tus pies y piernas estuvieran cubiertos con arena, están muy pesados, muy pesados, pero a la vez muy relajados.

Ya no pienses en ellos, sólo centra la atención en tu cabeza y siente que está muy cómoda y a la vez muy relajada... Enseguida, suelta toda tensión que pudiera haber en tus ojos, en tus párpados, recuerda que nadie te ve, ni tú ves a nadie; así es que relájate, relájate, relájate... Ahora tu cara, deja que se relajen esos pequeños músculos y nervios que rodean tu cara, ordénales: Relájense, relájense, relájense.

Cada vez sientes que tu cuerpo se relaja poco a poco, sin prisa... Continuamos ahora con los hombros. Generalmente ellos están tensos por las preocupaciones que cargamos en la mente, pero como ahora está libre de ellas, vamos a ordenarle a los hombros que se relajen y suelten la tensión que hubiere en ellos. Ordénales: Relájense, relájense, relájense, relájense... Siente cómo la tensión está yéndose, está yéndose, está yéndose, y se fue. Ahora sientes que tus hombros están libres de tensión, están liberados de toda carga, sientes como si te hubieras quitado una carga de encima.

Continuamos ahora con los brazos, sientes que están muy cómodos y muy relajados. Tus codos están relajados, tus manos, tus canillas, tus dedos; hasta la punta de las uñas están ahora completamente relajados.

Sientes como si tu cuerpo no existiera, pero te recuerdo que hay un poder que lo sostiene y sabe qué hacer para mantenerlo siempre seguro, aquí mismo donde tú estás sentado y cómodamente relajado. Todos tus órganos están contentos y en armonía porque nada interfiere con el ritmo de su acción para realizar su trabajo y mantenerte física y mentalmente en perfecto balance y equilibrio.

Quédate por un rato en esta posición y siente cómo desde la coronilla de la cabeza hasta la punta de los pies, la energía curativa del universo satura tu cuerpo, llenándolo de fortaleza y sanándolo, al mismo tiempo que lo mantiene en un continuo proceso de regeneración.

Este método es muy práctico y fácil de seguir, pues no requiere de ningún esfuerzo, ni físico ni mental. Todo es natural. Si al principio te quedas dormido al llegar a este punto, no importa, eso también favorece. Pero continúa haciéndolo y procura estar consciente, pues el siguiente paso es que trabajes en lo que deseas eliminar, de tu cuerpo o de tu subconsciente donde guardas los recuerdos, eventos y hábitos de pensamientos establecidos de creencias buenos y no muy buenos.

El subconsciente es el almacén de la memoria y del poder que hace que se manifiesten los pensamientos y creencias establecidos por ti, sean conscientes o inconscientes. Pero ahora has tomado la decisión de eliminar aquello que te causa daño, y esto debes hacerlo estando consciente porque sólo tú sabes qué cosa deseas eliminar.

Ahora ya estás listo para hacer tu declaración. Supongamos que deseas eliminar un dolor de cabeza o lo que llamamos "migraña". Declara con firmeza y decisión lo siguiente:

"Yo, (<u>menciona tu nombre completo</u>) reconozco un solo Poder curativo en el universo el cual es Dios. Este Poder y yo somos UNO. En esta unidad consciente con la Única Fuente de salud, yo comprendo que soy un ser espiritual antes que físico/material, y el espíritu que me sostiene es mi verdadera esencia y realidad. Desde la coronilla de mi cabeza hasta la punta de mis pies, la Gran Vida de Dios, me llena y me sostiene, me llena y me sostiene, me llena y me sostiene, me llena y me sostiene. Porque solamente hay una Vida, esa Vida es Dios, esa Vida es perfecta y Esta Vida es mi vida ahora. Gracias Dios porque mi cuerpo, que es Tu templo, manifiesta ahora sólo perfección. Yo lo creo, yo lo acepto, sabiendo que Así Es".

Repite esta oración cuantas veces puedas, entre más sentimiento le des a lo que afirmas, más rápido desaparecerá el dolor.

TÍTULOS DE ESTA COLECCIÓN

Almas Gemelas. *P. Joudry/M. D. Pressman*
Amigo de mi Corazón. *Claire Blatchford*
Cómo usar el Poder Divino para Lograrlo Todo. *M. Age*
Compendio para el Despertar. *Maite Ramos*
Corazón, Identidad Propia y Alma. *Robert Fragger*
Cuando un Amigo se va... *M. A. Garibay*
Dicha Incondicional. *Howard Raphael Cushnir*
El Poder de la Mente. Reflexionando con Emmet Fox. *Garibay*
El Salmo Nuestro de Cada Día. *Diana Villanueva*
El Sendero de la Luz. *Pierre Lassalle*
E-mail al Corazón. *Ana L. Díaz de G.*
Fuerza y Poder de la Oración. *Antología*
Iniciación a la Magia Blanca. *Marco A. Acosta V.*
Jesús. El Gran Maestro Metafísico. *J. de Lira S.*
Jornadas Espirituales por el Camino Amarillo. *D.J. Main*
La Alegría de Vivir. *Alida y José de Lira Sosa*
La Estrella de la Libertad. *Maite Ramos*
La Fe en la Oración. *Antología*
La Llave de tu Felicidad. Reflexionando con Saint Germain. *Garibay*
La Reina de las Hadas. *Rosetta Forner*
La Santa Cruz de Caravaca. Oraciones y Milagros
Las Verdades de la Vida. *Nada Yolanda*
Oraciones Mágicas para toda Ocasión. *Antología*
Palabras de a Centavo. Reflexionando con Conny Méndez. *Garibay*
Pequeño Gran Diccionario de Metafísica.
Saber Florecer. *Martin Beyson*
¿Sabes Realmente Quién Eres? *Imelda Garcés*
Sanación Divina de la Mente y el Cuerpo. *Murdo MacDonald*
Tú Puedes Sanar a través de la Mente. *Alida y José L. Sosa*
Tú Puedes Vivir en la Prosperidad ¡Ahora! *Alida y José L. Sosa*
Tu Viaje Interno hacia la Realidad. *Janine Duthac*
Voces del Cielo. *Anrías D*
Volteando hacia la Luz. *Anónimo*

Impreso en los talleres de
MUJICA IMPRESOR, S.A. DE C.V.
Calle Camelia No. 4, Col. El Manto,
Deleg. Iztapalapa, México, D.F.
Tel: 5686-3101.